高校入試対策

英語リスニング 練習問題

実践問題集 新潟県版 2025年春受験用

JN132656

contents

教英出版

本書の特長

① 基本問題集（別冊）

英語リスニング問題を**7章の出題パターン別**に練習できる問題集です。
新潟県公立高校入試の英語リスニング問題の**出題パターンを重点的**に練習できます。

② 解答集（別冊）

①基本問題集の解答・解説・放送文・日本語訳などを収録。すべての問題の**放送文と日本語訳を見開きページで見る**ことができ，**単語や表現を1つずつ照らし合わせながら復習**ができます。

③ 実践問題集新潟県版（この冊子）

新潟県公立高校入試の**過去問題**(2回分)と，形式が似ている**実践問題**(3回分)を収録。
新潟県公立高校入試の**出題パターンの把握**や**入試本番に向けての練習**に最適です。

実践問題集 新潟県版 の特長と使い方

 2回分の過去問題

新潟県公立高校入試で**実際に出題された**問題です。

 3回分の実践問題

新潟県公立高校入試と**出題パターンが似ている**問題です。

 HOW TO **使い方**

2ページの**過去の典型的な出題パターンと対策**で出題パターンを把握してから，**過去問題と実践問題**に進んでください。問題を解いた後に**解答例と解説**を見て，**答えにつながる聴き取れなかった部分を聴き直す**と効果的です。別冊の**基本問題集**で**出題パターン別**に練習して，**出題パターンに合った実力**をつけてからこの冊子に進むと，**過去問題と実践問題**をよりスムーズに解くことができます。

🔊 **音声の聴き方**

教英出版ウェブサイトの「**ご購入者様のページ**」に下記の「**書籍ID番号**」を入力して音声を聴いてください。

ID 196015 （有効期限 2025年9月）　　　 IDの入力はこちらから→

過去の典型的な出題パターンと対策

▶ 絵・グラフ… 対話や英文を聞き，絵やグラフを選ぶ　 別冊　第1章

放送文

> (Aya): I visited Okinawa for three days last week.
> (Bob): That's nice.　It's snowy here today, but how was the weather in Okinawa?
> (Aya): It was rainy on the first day.　But on the second day it was cloudy, and on the third day it was sunny at last.
> Question: How was the weather when the girl arrived in Okinawa?

対話を聞いて，質問に合う絵を**ア〜エ**から1つ選び，記号を書きなさい。

問題

▶ 対話や英文と質問(1つ)… 対話や英文を聞き，質問の答えを選ぶ　 別冊　第3章

放送文

> A　：　What do you want to eat for lunch?
> B　：　Well...　I'd like to have an omelet and some coffee.　How about you, Tomoya?
> A　：　I'm very hungry.　So I'd like to have a hamburger and some milk.
> B　：　Then, shall we eat at a cafeteria near the station?
> 質問します。　　　What is Tomoya going to have for lunch?

対話を聞いて，質問に合うものを**ア〜エ**から1つ選び，記号を書きなさい。

問題

ア．An omelet and some coffee.　　　**イ**．An omelet and some milk.
ウ．A hamburger and some coffee.　**エ**．A hamburger and some milk.

▶ 英文と質問(複数)… 英文を聞き，複数の質問の答えを選ぶ　別冊　第6章

放送文

> Now I'm going to talk about my classes in Japan.　We often make groups and learn a lot of things from each other.　Talking with the group members is very important for us because we can share different ideas.　Here in America, I want to enjoy classes.　So I will try to exchange ideas with you in English.
>
> Questions: No. 1　Why does Sakura talk in groups during her classes in Japan?
> 　　　　　　 No. 2　What does Sakura want to say in her speech?

英文を聞いて，それぞれの質問に合うものを**ア〜エ**から1つ選び，記号を書きなさい。

問題

No. 1　**ア**　To make groups.
　　　　イ　To write a letter.
　　　　ウ　To share different ideas.
　　　　エ　To see many friends.

No. 2　**ア**　How she learns in her classes.
　　　　イ　Which university she wants to go to.
　　　　ウ　When she decided to go to America.
　　　　エ　Who taught her English in Japan.

対策ポイント

対話や英文と質問(1つ)の問題では，問題に載っている選択肢の内容を見て，音声を聞く前に流れる音声の内容を予想しよう。選択肢の内容を比較すると，何を聞き取るべきかわかる問題も多いよ。

放送を聞いて, 次の(1)~(3)の問いに答えなさい。

(1) これから英文を読み, それについての質問をします。それぞれの質問に対する答えとして最も適当なものを, 次のア～エから一つずつ選び, その符号を書きなさい。

1　ア　On Sunday, November 22.　　イ　On Monday, November 23.
　　ウ　On Tuesday, November 24.　　エ　On Wednesday, November 25.

2　ア　Here you are.　　　　　　　イ　How about you?
　　ウ　No, thank you.　　　　　　エ　See you later.

3　ア　Baseball.　　　　　　　　　イ　Basketball.
　　ウ　Tennis.　　　　　　　　　　エ　Volleyball.

4　ア　Betty and her brother.　　　イ　Betty and her father.
　　ウ　Betty and her mother.　　　エ　Betty's father and mother.

(2) これから英語で対話を行い, それについての質問をします。それぞれの質問に対する答えとして最も適当なものを, 次のア～エから一つずつ選び, その符号を書きなさい。

1　ア　Yes, he has.　　　　　　　イ　No, he hasn't.
　　ウ　Yes, he will.　　　　　　　エ　No, he won't.

2　ア　About music.　　　　　　　イ　About school.
　　ウ　About the station.　　　　エ　About the weather.

3　ア　The blue T-shirt.　　　　　イ　The red T-shirt.
　　ウ　The white T-shirt.　　　　エ　The yellow T-shirt.

4

(3) これから, 留守番電話に録音された, ケビン(Kevin)からのあなたへのメッセージを再生します。そのメッセージについて, 二つの質問をします。それぞれの質問の答えを, 3語以上の英文で書きなさい。

(1)	1		2		3		4	
(2)	1		2		3		4	

(3)	1	
	2	

(1) 　1　Today is Tuesday, November 24.　My sister Yuzuki went to Kyoto yesterday.
　　　　Question:　When did Yuzuki go to Kyoto?
　　2　You are doing homework with Hiroki.　He says to you, "Can I use your dictionary?"
　　　　Question:　What will you say to Hiroki if you want him to use your dictionary?
　　3　Yamato asked his classmates about their favorite sports.　Baseball, basketball, tennis, and volleyball were popular in his class.　Basketball was more popular than baseball and volleyball, and tennis was more popular than basketball.
　　　　Question:　Which sport was the most popular in Yamato's class?
　　4　Betty wanted to go to the museum last Sunday.　Her father and mother were too busy to go there, so Betty asked her brother to come there with her.　They enjoyed looking at beautiful pictures in the museum.
　　　　Question:　Who went to the museum last Sunday?

(2) 　1　A:　John, have you finished your homework?
　　　　B:　Sure.　I did it last night.
　　　　A:　That's good.
　　　　Question:　Has John finished his homework?
　　2　A:　It's raining.
　　　　B:　Yes, but today's morning news said, "It will be sunny in the afternoon."
　　　　A:　Really?　I'm glad to hear that.
　　　　Question:　What are these two people talking about?
　　3　A:　What will you buy, Ken?
　　　　B:　I want a new T-shirt.　This blue one is nice, but too large for me.
　　　　A:　Look, this yellow T-shirt is cool.　Wait, this is large, too.　This white one is not so good.　Well, how about this red T-shirt?　This is nice, and smaller than those blue and yellow ones.
　　　　B:　Can I see it?　Wow, it looks so nice.　I'll take it.
　　　　Question:　Which T-shirt will Ken buy?
　　4　A:　What are you doing, Nick?
　　　　B:　Hi, Mom.　I'm looking for my watch.　Have you seen it?
　　　　A:　No.　Where did you put it last night?
　　　　B:　I think I put it on the table, but there isn't anything on the table.
　　　　A:　Did you look under the chairs?
　　　　B:　Yes, but I couldn't find it there.　And I couldn't find it in my bag.
　　　　A:　Let me see.　Oh, look!　There is something by the soccer ball.
　　　　B:　Really?　That's my watch!　Thank you.
　　　　Question:　Where has Nick found his watch?

(3) 　　　Hello.　This is Kevin.　Are you free next Saturday?　I'm going to go out with Saki.　We'll be glad if you can join us.　We'll meet at the station at ten o'clock and then go shopping.　After that, we're going to have lunch at my favorite restaurant. The food is good, so you'll like it.　The restaurant is in front of the library.　Please call me back later.　Bye.

　　　Question　1　Do Kevin and Saki want to go out with you next Saturday?
　　　　　　　　　2　Where is Kevin's favorite restaurant?

過去問題 B

放送を聞いて，次の(1)～(3)の問いに答えなさい。

(1) これから英文を読み，それについての質問をします。それぞれの質問に対する答えとして最も適当なものを，次のア～エから一つずつ選び，その符号を書きなさい。

1 ア ![glove]　イ ![racket]　ウ ![bicycle]　エ ![camera]

2 ア A cap.　　イ A sweater.　　ウ A T-shirt.　　エ Jeans.

3 ア Ken.　　イ Tomomi.　　ウ Taichi.　　エ Yumi.

4 ア The zoo.　　　　　　イ The stadium.
　ウ Masao's house.　　エ Tokyo.

(2) これから英語で対話を行い，それについての質問をします。それぞれの質問に対する答えとして最も適当なものを，次のア～エから一つずつ選び，その符号を書きなさい。

1 ア Yes, he did.　　　　イ No, he didn't.
　ウ Yes, he was.　　　　エ No, he wasn't.

2 ア At 3:40.　　　　　　イ At 3:50.
　ウ At 4:00.　　　　　　エ At 4:10.

3 ア He came to school by train.　　イ He came to school by bike.
　ウ He came to school by car.　　エ He came to school by bus.

4
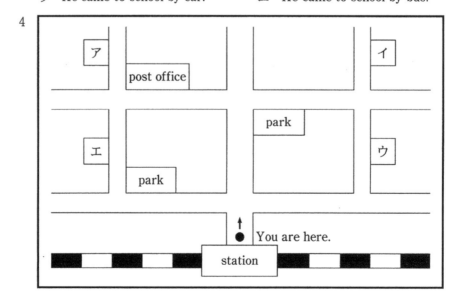

(3) これから，あなたのクラスの英語の授業で，グリーン先生(Mr. Green)が英語のスピーチをします。そのスピーチについて，四つの質問をします。それぞれの質問の答えとなるように，次の 1 ～ 4 の ［　　　］ の中に当てはまる英語を 1 語ずつ書きなさい。

1　He has played basketball for ［　　　］ years.

2　He drinks Japanese ［　　　］.

3　Because she helps a lot of sick people as a ［　　　］.

4　He wants to learn the ［　　　］ of Japan.

(1)	1		2		3		4	
(2)	1		2		3		4	

(3)	1	
	2	
	3	
	4	

〔1〕

(1) 1　When you play tennis, you use this.
　　　　Question: What is this?

　　2　Taro went shopping with his family.　Taro bought a cap, and his mother bought a sweater.　His father bought a T-shirt and his sister bought jeans.
　　　　Question: What did Taro's sister buy?

　　3　Ken is 14 years old.　Tomomi is 17 years old.　Taichi and Yumi are as old as Tomomi.
　　　　Question: Who is the youngest of the four?

　　4　I'm Satoshi.　I enjoyed this winter vacation.　On December 26, I went to the zoo and saw many animals.　On December 27, I went to the stadium to play soccer.　The next day, I went to Masao's house and practiced the guitar with him.　On December 29, I went to Tokyo to see my uncle.
　　　　Question: Where did Satoshi go on December 28?

(2) 1　A: Hi, Yuta.　What did you do yesterday?
　　　　B: I wanted to play baseball with my friends, but I couldn't, because my brother was sick.　So, I stayed at home and helped him.
　　　　Question: Did Yuta play baseball yesterday?

　　2　A: The movie will begin soon.　Can I buy something to drink?
　　　　B: It's 3:50.　Come back soon.
　　　　A: We have ten minutes before the movie begins.　I'll be back soon.
　　　　Question: What time will the movie begin?

　　3　A: How do you come to school, Kate?
　　　　B: I come to school by train.　How about you, Paul?
　　　　A: I usually come to school by bike.
　　　　B: But it's rainy today.　Did you come to school by car or by bus?
　　　　A: I came here by bus.
　　　　Question: How did Paul come to school today?

　　4　A: Excuse me, I want to go to the library.　Do you know where it is?
　　　　B: Yes.　Go straight, and turn left when you see the park on your right.
　　　　A: OK.
　　　　B: Then, go straight and turn right at the post office.
　　　　A: Turn right at the post office?
　　　　B: That's right.　You'll see the library on your left.
　　　　A: Thank you.
　　　　Question: Which is the library?

(3)　　　　Hello, everyone.　This year I'll teach you English.　First, I'll talk about my life. I was born in Canada, and I like basketball.　I have played it for fifteen years.　I also like drinking tea.　So, I drink Japanese tea every day.　Next, I'll talk about my sister.　Her name is Kate.　I think she is great because she helps a lot of sick people as a doctor.　Finally, I'll talk about my experience.　I went to many countries before coming to Japan.　When I visited many places, people talked to me in English.　I learned many things from them.　In Japan, I want to learn the history of Japan from you.　Please tell me about Japan.　I hope you'll enjoy my class.　Thank you.

　　　　Question　1　How long has Mr. Green played basketball?
　　　　　　　　　2　What does Mr. Green drink every day?
　　　　　　　　　3　Why does Mr. Green think Kate is great?
　　　　　　　　　4　What does Mr. Green want to learn in Japan?

実践問題 A

放送による検査

(1)

ア
1　
2　
3　
4　

イ
1　美術室
2　美術室
3　音楽室
4　音楽室

ウ　1　I don't think so.　　　　　　　　2　Shall I carry your bags ?
　　3　Thank you for listening.　　　　4　Could you say that again ?

(2)

ア　1　Five years old.　　　　　　　　2　Six years old.
　　3　Fifteen years old.　　　　　　　4　Sixteen years old.

イ　1　Because he can go to many places by bike.
　　2　Because walking is good for his health.
　　3　Because he wants to buy a new bike.
　　4　Because his brother walks to school.

ウ　1　His bike.　　　　　　　　　　　2　His brother's bike.
　　3　His mother's bike.　　　　　　　4　His father's bike.

(3)

ア　1　At a movie theater.　　　　　　2　At a post office.
　　3　At a stadium.　　　　　　　　　4　At a library.

イ　1　May 11.　　　　　　　　　　　　2　May 12.
　　3　June 11.　　　　　　　　　　　　4　June 12.

(4)　(　　　　　　　　　　　　　　　　　　　　　　　　).

(1)	ア		イ		ウ	
(2)	ア		イ		ウ	
(3)	ア		イ			
(4)	(					).

実践問題A　放送文

（1）は，英文と質問を聞いて，適切なものを選ぶ問題です。問題は，ア，イ，ウの三つあります。質問の答えとして最も適切なものを，1，2，3，4の中からそれぞれ一つ選んで，その番号を解答用紙に書きなさい。英文と質問は二回読みます。（間2秒）それでは始めます。（間3秒）

アの問題（間2秒）
Ken is watching a soccer game on TV. Which picture shows this ?（間2秒）
もう一度読みます。（間2秒）（英文と質問を読む）（間2秒）答えを書きなさい。（間3秒）

イの問題（間2秒）
Miku found a book under the desk in the music room. Which picture shows this ?（間2秒）
もう一度読みます。（間2秒）（英文と質問を読む）（間2秒）答えを書きなさい。（間3秒）

ウの問題（間2秒）
Your teacher is carrying many bags and looks busy. What will you say to the teacher ?（間2秒）
もう一度読みます。（間2秒）（英文と質問を読む）（間2秒）答えを書きなさい。（間3秒）

これで（1）を終わります。（間3秒）では，（2）に移ります。（間3秒）

（2）は，ジョンの自転車に関するスピーチを聞いて，質問に答える問題です。問題は，ア，イ，ウの三つあります。はじめに，英文を二回読みます。次に，質問を二回読みます。質問の答えとして最も適切なものを，1，2，3，4の中からそれぞれ一つ選んで，その番号を解答用紙に書きなさい。（間2秒）それでは始めます。（間3秒）

When I was six years old, I could ride a bike for the first time. It is useful to me because I can go to many places by bike. My mother also likes riding a bike because it is good for her health. Now, my bike is too small. When I want to ride a bike, I usually use my father's one. So, I want a new bike.（間2秒）

もう一度読みます。（間2秒）（英文を読む）（間2秒）では，質問します。（間3秒）

アの問題（間2秒）How old was John when he could ride a bike for the first time ?（間2秒）
もう一度読みます。（間2秒）（質問を読む）（間2秒）答えを書きなさい。（間3秒）

イの問題（間2秒）Why is a bike useful to John ?（間2秒）
もう一度読みます。（間2秒）（質問を読む）（間2秒）答えを書きなさい。（間3秒）

ウの問題（間２秒）Whose bike does John usually ride？（間２秒）
もう一度読みます。（間２秒）（質問を読む）（間２秒）答えを書きなさい。（間３秒）

これで（２）を終わります。（間３秒）では，（３）に移ります。（間３秒）

（３）は，ピーターとサトコの対話の一部を聞いて，質問に答える問題です。問題は，ア，イの二つあります。はじめに，対話を読みます。次に，質問を読みます。質問の答えとして最も適切なものを，１，２，３，４の中からそれぞれ一つ選んで，その番号を解答用紙に書きなさい。対話と質問は二回読みます。（間２秒）それでは始めます。（間３秒）

アの問題（間２秒）
Peter　　：　I want to borrow books here. How many books can I borrow？（間１秒）
Satoko　：　Well, you can borrow five books.（間２秒）

Question：　Where are they talking now？（間２秒）
もう一度読みます。（間２秒）（対話と質問を読む）（間２秒）答えを書きなさい。（間３秒）

イの問題（間２秒）
Peter　　：　When is your birthday？（間１秒）
Satoko　：　May eleventh. How about you, Peter？（間１秒）
Peter　　：　My birthday is the same day, but the next month.（間２秒）

Question：　When is Peter's birthday？（間２秒）
もう一度読みます。（間２秒）（対話と質問を読む）（間２秒）答えを書きなさい。（間３秒）

これで（３）を終わります。（間３秒）では，（４）に移ります。（間３秒）

（４）は，外国語指導助手のアレン先生の話を聞いて，質問に答える問題です。話の最後の質問に対して，あなたなら何と答えますか。あなたの答えを解答用紙に英文で書きなさい。アレン先生の話は二回読みます。（間２秒）それでは始めます。（間３秒）

I like talking with my family. When I was young, I often talked about my future with them. What do you talk about with your family？（間２秒）

もう一度読みます。（間２秒）（英文と質問を読む）（間２秒）答えを書きなさい。（間15秒）

これで，放送による検査を終わります。

実践問題 B

放送による問題

（1） 由美（Yumi）とジョン（John）の会話を聞いて，質問の答えとして最も適切なものを選ぶ問題

Ⓐ
ア 国語　イ 数学　ウ 英語　エ 理科

Ⓑ
ア ジョン たかし　イ ジョン　ウ はるな ともこ　エ ともこ

Ⓒ

ドッジボール大会　対戦結果					
クラス	A組	B組	C組	D組	結果
ア A組		×	○	×	1勝
イ B組	○		○	○	3勝
ウ C組	×	×		×	0勝
エ D組	○	×	○		2勝

D

(2) 由美の話を聞いて，質問に対する答えとなるように（　　　　）の中に適切な語や語句を記入する問題

質問1　What does Yumi want to do in the future?

She wants to （　　　　　　　） with animals.

質問2　What does Yumi's brother do for Pochi?

He （　　ⓐ　　） Pochi （　　ⓑ　　） every month.

質問3　Why was Yumi surprised last Saturday?

Because （＿＿＿＿＿＿＿＿＿＿＿＿＿＿＿＿＿＿＿）.

(1)　Ａ[　　　　]　Ｂ[　　　　]　Ｃ[　　　　]　Ｄ[　　　　]

(2)　質問1（　　　　　　　　　　）　質問2　ⓐ（　　　　　　　　　）　ⓑ（　　　　　　　）

質問3　Because ＿＿＿＿＿＿＿＿＿＿＿＿＿＿＿＿＿＿＿＿＿＿＿＿＿ ．

実践問題 B 　[放送文]

　はじめに，⑴を行います。これから，中学生の由美 (Yumi) と留学生のジョン (John) が，英語で A，B，C，D の4つの会話をします。それぞれの会話のあとに，英語で質問をします。その質問の答えとして最も適切なものを，ア，イ，ウ，エの4つの中から1つ選び，記号で答えなさい。なお，会話と質問は2回繰り返します。

　では，始めます。

A

　John : Hi, Yumi.　What subject did you study yesterday?

　Yumi : I studied Japanese.　Did you study it, too?

　John : No.　I studied math yesterday.　Well, what are you doing now?

　Yumi : I'm doing my English homework.　It's really difficult.

　John : I will finish my science homework first.　After that, I'll help you.

　　質問　What subject did John study yesterday?

　　　　　　　　　　　　　　　　　　　　　　　　　　　　（6秒休止）

B

　John : Yumi, you have wanted to see this movie, right?　I will see the movie with Takashi
　　　　 tomorrow.　Why don't you come with us?

　Yumi : Thank you, but I saw the movie last Sunday.

　John : Really?　Who did you go with?　With Haruna and Tomoko?

　Yumi : Haruna had a piano lesson and couldn't go on that day.　So, I only went with Tomoko.

　John : I see.

　　質問　Who went to the movie with Yumi last Sunday?

　　　　　　　　　　　　　　　　　　　　　　　　　　　　（6秒休止）

C

　Yumi : All of the games have finished.　How many games did your class win?

　John : We didn't win all of them, but we won two games.　How about your class?

　Yumi : Not good.　My class won just one game, so two classes were better than mine.　I
　　　　 wanted to win more games.

　John : Don't be so sad.　You had a good time, right?

　Yumi : Of course.

　　質問　Which is Yumi's class?

　　　　　　　　　　　　　　　　　　　　　　　　　　　　（6秒休止）

Yumi : Our train has just left Nishi Station.　We will be at Higashi Station in twenty minutes.

John : Can we get there without changing trains?

Yumi : No, we can't.　This train only stops at Chuo Station before arriving at Minato Station.

John : Then, how can we get to Higashi Station?

Yumi : We will change trains at the next station.

John : OK.

　　質問　Where will Yumi and John change trains?

（6秒休止）

次に，(2)を行います。これから，中学生の由美 (Yumi) が，英語で話をします。その話の内容について，問題用紙にある3つの質問をします。それぞれの質問に対する正しい答えとなるように，（　　　）の中に，適切な語や語句を記入しなさい。なお，先に問題用紙にある質問を2回繰り返し，そのあとで話を2回繰り返します。

では，始めます。

　　質問1　What does Yumi want to do in the future?

（2秒休止）

　　質問2　What does Yumi's brother do for Pochi?

（2秒休止）

　　質問3　Why was Yumi surprised last Saturday?

（2秒休止）

続いて，話をします。

I like to go to the zoo to watch animals and people taking care of them.　I want to work with animals in the future.　So, I like to read books and watch TV programs about animals.

My family loves animals.　We have a dog called Pochi.　Each of us does a different thing for Pochi.　My mother usually gives food to Pochi.　My brother washes Pochi twice every month, and I walk Pochi for about thirty minutes every day.

Last Saturday, I walked Pochi to a park and played together with a ball there in the morning. I finished playing with Pochi at noon.　One hour after I got home, my father brought another dog home.　I was surprised by that.

Now, we have two dogs and enjoy a life with them.

（20秒休止）

実践問題C

次のA，B，C，Dの問題は，リスニングテストです。

A 放送を聞いて，それぞれの英文の内容を表している図として，最も適当なものをア～エから一つ選び，記号で答えなさい。**英文は1回ずつ放送します。**

1 〈図書館にて〉

| ア | イ | ウ | エ |

2 〈空港にて〉

ア	イ	ウ	エ
運航状況のご案内	運航状況のご案内	運航状況のご案内	運航状況のご案内

ア		イ		ウ		エ	
便名	KMA123	便名	KMA123	便名	KMA123	便名	KMA123
行先	熊本	行先	熊本	行先	東京	行先	東京
備考	15分遅れ	備考	50分遅れ	備考	15分遅れ	備考	50分遅れ

B 放送を聞いて，それぞれのチャイムのところに入る対話の応答として，最も適当なものをア～エから一つ選び，記号で答えなさい。**英文は1回ずつ放送します。**

1 〈友人同士の対話〉
　　ア　Every Sunday.
　　イ　In front of the school.
　　ウ　At 11:30 a.m.
　　エ　For two hours.

2 〈ホームパーティーでの対話〉
　　ア　No, I didn't.
　　イ　Yes, please.
　　ウ　Here's your change.
　　エ　I can't drink coffee.

C　放送を聞いて，それぞれの質問に対する答えとして，最も適当なものをア～エから一つ選び，記号で答えなさい。英文は2回ずつ放送します。

1　ア　Yes, she has.　　イ　No, she hasn't.　　ウ　Yes, she does.　　エ　No, she doesn't.

2　He wants to（ア　live in Japan longer　　イ　make his favorite Japanese food
　　　　　　　　　ウ　go back to America　　エ　practice making American food ）.

3　ア　He visited Osaka with his friends.　　イ　He went to Osaka Castle on the last day.
　　ウ　He enjoyed eating *takoyaki.*　　　　エ　He couldn't go shopping.

D　放送を聞いて，「黒板」の　①　～　③　に適当な英語を1語で書きなさい。また，「質問に対する答え」では　④　に適当な英語を2語で書き，答えとなる文を完成させなさい。英文は2回放送します。

「黒板」

- Kenta　：　Some Internet users should have enough time to　①　.
- Yuka　　：　We need more　②　to support more people in the world.
- Nana　　：　More people should　③　using plastic bags at shops.

「質問に対する答え」

They will talk about what they should do to　④　in the next class.

A	1		2					
B	1		2					
C	1		2		3			
D	①			②			③	
	④	They will talk about what they should do to					in the next class.	

実践問題 C   放送文

ただ今から，放送によるリスニングテストを行います。英文は，A，Bは1回ずつ，C，Dは2回ずつ放送します。

では，Aの問題にはいります。No.1とNo.2には，それぞれア，イ，ウ，エの四つの図があります。放送を聞いて，それぞれの英文の内容を表している図として，最も適当なものをア，イ，ウ，エから一つ選び，記号で答えなさい。英文は1回ずつ放送します。
では，始めます。

No.1 Look at this picture.   In this library, we cannot eat or drink.

No.2 （空港のチャイム）   Now it's raining very hard here at Tokyo Airport, so KMA 123 to Kumamoto will leave 15 minutes late.

Bの問題にはいります。今からNo.1とNo.2の二つの対話を放送します。それぞれの対話の最後に，次のチャイムが鳴ります。（チャイム音）放送を聞いて，それぞれのチャイムのところに入る対話の応答として，最も適当なものをア，イ，ウ，エから一つ選び，記号で答えなさい。英文は1回ずつ放送します。
では，始めます。(M：男性　　F：女性)

No.1 M ： Let's go to the movies tomorrow.
     F ： OK.   But I have a piano lesson in the morning.
     M ： I see.   When will it finish?
     F ： （チャイム）

No.2 M ： How about this cake?   I made it.   Do you like it?
     F ： Yes.   It's very good.
     M ： I'm glad you like it.   Do you want some more?
     F ： （チャイム）

Cの問題にはいります。陽子と留学生のジムとの対話を聞いて答える問題です。No.1からNo.3までそれぞれの対話のあとで，その内容について英語で質問します。放送を聞いて，それぞれの質問に対する答えとして，最も適当なものをア，イ，ウ，エから一つ選び，記号で答えなさい。英文は2回ずつ放送します。
では，始めます。

No.1 Jim ： Can you help me with my homework now, Yoko?
     Yoko ： Sorry, I can't, Jim.   I have to practice judo.
    質問します。   Does Yoko have time to help Jim now?
    くり返します。（省略）

No.2 Yoko ： Jim, you have stayed in Japan for five months, right?   What's your favorite Japanese food?
     Jim ： Well, I like tempura the best.   I want to make it for my family after going back to America.
     Yoko ： Sounds great!   Let's practice making tempura this weekend.
    質問します。   What does Jim want to do in America for his family?
    くり返します。（省略）

No.3 Yoko ： Did you enjoy your vacation, Jim?
     Jim ： Yes.   My family came to Japan and we went to Osaka for three days.
     Yoko ： Wow.   What did you do there?
     Jim ： On the first day, we went to Osaka Castle.   I think it's the best place to visit in Osaka.   The next day, we had many popular foods in Osaka.   I really loved *takoyaki*.   We ate it on the street and it was fun.   On the last day, we went to some shops near the hotel.   We enjoyed shopping there.
    質問します。   Which is true about Jim?
    くり返します。（省略）

Dの問題にはいります。今から，スミス先生が3人の生徒の発表後に話したことと，それについての質問を放送します。「黒板」には，3人の発表内容が書いてあります。放送を聞いて，「黒板」の①，②，③に適当な英語を1語で書きなさい。また，「質問に対する答え」では④に適当な英語を2語で書き，答えとなる文を完成させなさい。英文は2回放送します。
では，始めます。

Ms. Smith ：   In this class, we talked about today's world.   Kenta said the Internet is very useful, but some people use the Internet at night and spend too much time on it.   So he said they should sleep longer.   Yuka said there are more people living in the world, and more food is needed to support those people.   Nana said many people still use plastic bags for shopping, but we should change this situation.   So she said they should start using their own bags.   Kenta, Yuka, Nana, and all the other students, thank you very much.   Now, I'll tell you about the next class.   In the world, many animals are losing their places to live, because we are cutting down a lot of trees to build houses or make roads in many places.   So, for protecting animals, we should think about what to do.   Let's talk about it in the next class.
    質問します。   What will the students talk about in the next class?
    くり返します。（省略）

解答例

(1)1．イ　2．ア　3．ウ　4．ア

(2)1．ア　2．エ　3．イ　4．エ

(3)1．Yes, they do.

2．It is in front of the library.

解説

(1)1　質問「ユズキはいつ京都に行きましたか？」…「今日は11月24日火曜日です。姉のユズキは昨日京都に行きました」より，イ「11月23日月曜日」が適当。

2　質問「ヒロキに辞書を使ってもらいたいなら，あなたは彼に何と言いますか？」…「あなたはヒロキと宿題をしています。彼はあなたに『君の辞書を使ってもいい？』と言います」より，ア「はい，どうぞ」が適当。

3　質問「ヤマトのクラスの中ではどのスポーツが最も人気がありましたか？」…「ヤマトはクラスメートに好きなスポーツについて尋ねました。野球，バスケットボール，テニス，バレーボールが人気でした。バスケットボールは野球やバレーボールよりも人気がありました。テニスはバスケットボールより人気がありました」より，ウ「テニス」が適当。

4　質問「この前の日曜日に美術館に行ったのは誰ですか？」…「ベティはこの前の日曜日，美術館に行きたいと思いました。父と母はそこに行くにはあまりにも忙しかったので，兄にそこに一緒に来てくれるよう頼みました。彼らは美術館で美しい絵を見て楽しみました」より，ア「ベティと兄」が適当。

(2)1　質問「ジョンは宿題を終えましたか？」…Bの発言「昨夜，それをやったよ」より，アが適当。

2　質問「この2人は何について話していますか？」…A「雨だ」→B「うん，でも今朝のニュースでは『午後には晴れるだろう』と言っていたよ」→A「本当に？それを聞いて嬉しいよ」より，エ「天気について」が適当。

3　質問「ケンはどのTシャツを購入しますか？」…A「何を買うの，ケン？」→B「新しいTシャツが欲しいんだ。この青いTシャツもいいけど，大きすぎるな」→A「ほら，この黄色いTシャツはかっこいいわ。待って，これも大きいわ。この白いTシ

ャツはあまりよくないわね。じゃあ，この赤いTシャツはどう？これはかっこいいし，青と黄色のものよりも小さいわ」→B「見てもいい？わあ，すごくかっこいいね。それにするよ」より，イ「赤いTシャツ」が適当。

4　質問「ニックはどこで時計を見つけましたか？」…A「何をしているの，ニック？」→B「ああ，お母さん。時計を探しているんだ。見かけた？」→A「いいえ。昨夜どこに置いたの？」→B「テーブルに置いたと思うんだけど，そこには何もないんだ」→A「椅子の下は見たの？」→B「うん，でもそこにはなかったよ。あとバッグの中も見つからなかった」→A「うーん。見て！サッカーボールのそばに何かあるわ」→B「本当に？僕の時計だ！ありがとう」より，エが適当。

(3)【放送文の要約】参照。

1　質問「ケビンとサキは来週の土曜日にあなたと一緒に出かけたいですか？」…ケビンとサキは一緒に出かけたいと思っているので，Yes, they do.と答える。

2　質問「ケビンのお気に入りのレストランはどこですか？」…レストランは図書館の前だから，It is in front of the library.と答える。レストランを it に置き換えて答えること。

【放送文の要約】

こんにちは。ケビンです。来週の土曜日は空いてる？サキと一緒に出かける予定なんだ。1君も一緒に行けたら嬉しいな。10時に駅で待ち合わせをして買い物に行くよ。その後，僕のお気に入りのレストランで昼食をとるんだ。食べ物がおいしいから，君は気に入ると思うよ。2レストランは図書館の前にあるんだ。後で電話してよ。じゃあね。

過去問題B

(1) 1．イ　2．エ　3．ア　4．ウ

(2) 1．イ　2．ウ　3．エ　4．ア

(3) 1．fifteen　2．tea　3．doctor
　　4．history

(1) 1　質問「これは何ですか？」…「テニスをするときに使います」より，イが適当。

2　質問「タロウの姉（妹）は何を買いましたか？」…his sister bought jeans「彼の姉（妹）はジーンズを買いました」より，エが適当。

3　質問「4人の中で最も年下なのは誰ですか？」…「ケンは14歳，トモミは17歳，タイチとユミはトモミと同じ年齢です」より，アが適当。

4　質問「サトシは12月28日にどこへ行きましたか？」…The next day, I went to Masao's house「その翌日（＝28日）はマサオの家に行きました」より，ウが適当。

(2) 1　質問「ユウタは昨日野球をしましたか？」…Bの発言，I wanted to play baseball with my friends, but I couldn't「友達と野球をしたかったけど出来なかったよ」より，イが適当。

2　質問「その映画は何時に始まりますか？」…Bの発言，It's 3:50.「今3時50分だよ」とAの2回目の発言 We have ten minutes before the movie begins.「映画が始まるまであと10分あるよ」より，ウが適当。

3　質問「今日ポールはどうやって登校しましたか？」…A（ポール）の3回目の発言 I came here by bus.「バスで来たよ」より，エが適当。

4　質問「どれが図書館ですか？」…A「すみません。図書館へ行きたいです。どこにあるかご存知ですか？」→B「ええ。直進して右側に公園が見えたら左折してください」→A「はい」→B「その後は直進し郵便局を右折してください」→A「郵便局を右折ですか？」→B「そうです。図書館は左側に見えます」→A「ありがとうございました」より，アが適当。

(3) 【日本語訳】参照。

1　質問「グリーン先生はどれくらいの間バスケットボールをしていますか？」

2　質問「グリーン先生は毎日何を飲みますか？」

3　質問「グリーン先生はなぜケイトを素晴らしいと思っていますか？」

4　質問「グリーン先生は日本で何を学びたいと思っていますか？」

【日本語訳】

こんにちは。今年は，私がみなさんに英語を教えます。まず私の生活についてお話します。私が生まれたのはカナダです。私はバスケットボールが好きです。1 15（＝fifteen）年バスケットボールをしています。お茶を飲むことも好きです。ですから2 毎日日本茶（＝tea）を飲んでいます。次に妹についてお話しします。名前はケイトです。3 彼女は医師（＝doctor）として多くの病人を助けているので，私は彼女のことを素晴らしいと思っています。最後に私の経験についてお話しします。私は日本に来る前にたくさんの国に行きました。多くの場所を訪れると，人々は英語で私に話してくれました。私は彼らから多くのことを学びました。4 日本では，みなさんから日本の歴史（＝history）を学びたいと思っています。私に日本について教えてください。みなさんが私の授業を楽しんでくれると嬉しいです。ありがとうございました。

(4) 質問「僕は家族と話すことが好きです。幼い時は，将来について，よく家族と話をしました。あなたは家族と何の話をしますか？」…日頃していることは現在形で表す。（例文の訳）「私は友達の話をします」

解答例

(1)ア．1　イ．3　ウ．2

(2)ア．2　イ．1　ウ．4

(3)ア．4　イ．3

(4)(例文)I talk about my friends

解説

(1)ア　「ケンはテレビでサッカーの試合を見ています。これを表しているのはどの絵ですか？」…1が適切。

イ　「ミクは音楽室にある机の下で本を見つけました。これを表しているのはどの絵ですか？」…3が適切。

ウ　「担任の先生がたくさんのカバンを運んでいて，忙しそうです。あなたは先生に何と言いますか？」…2「カバンを持ちましょうか？」が適切。

・Shall I ~?「～しましょうか？」…相手に手伝いなどを申し出るときの表現。

(2)【放送文の要約】参照。

ア　質問「ジョンが初めて自転車に乗れた時，彼は何歳でしたか？」

イ　質問「なぜジョンにとって自転車は便利ですか？」

ウ　質問「ジョンはいつも誰の自転車に乗っていますか？」

【放送文の要約】

ア2僕は6歳の時，初めて自転車に乗れました。イ1自転車は多くの場所に行けるので便利です。母も健康に良いので自転車に乗るのが好きです。今，僕の自転車は小さすぎます。ウ4僕は自転車に乗りたいとき，いつも父の自転車を使います。それで新しい自転車がほしいです。

(3)ア　質問「彼らは今，どこで話していますか？」…ピーター「僕はここで本を借りたい。何冊借りることができるの？」→サトコ「5冊借りることができるわよ」より，4「図書館で」が適切。

イ　質問「ピーターの誕生日はいつですか？」…ピーター「君の誕生日はいつなの？」→サトコ「5月11日よ。あなたは，ピーター？」→ピーター「僕の誕生日は日が同じだけど来月なんだ」より，3「6月11日」が適切。

解答例

(1)Aイ　Bエ　Cア　Dイ

(2)質問1…work

　　質問2…⒜washes　⒝twice

　　質問3…her father brought another dog home

解説

(1)A　質問「ジョンは昨日何を勉強しましたか?」…ジョンの2回目の発言 I studied math yesterday.「昨日は数学を勉強したよ」より、イが適切。

B　質問「先週の日曜日に、由美と一緒に映画に行ったのは誰ですか?」…由美の2回目の発言 So, I only went with Tomoko.「それで一緒に行ったのはともこだけよ」より、エが適切。

C　質問「どれが由美のクラスですか?」…由美の2回目の発言 My class won just one game,「私のクラスは1試合だけ勝った(=1試合しか勝てなかった)の」より、アが適切。

D　質問「由美とジョンはどこで電車を乗り換えますか?」…由美の1回目の発言より、出発した駅は西駅、目的の駅は東駅である。由美の2回目の発言 This train only stops at Chuo Station「この電車は中央駅だけに停まる」と、3回目の発言 We will change trains at the next station.「次の駅で乗り換える」より、次に停まるイ中央駅が適切。　・change trains「電車を乗り換える」

(2)【放送文の要約】参照。

質問1　「由美は将来、何をしたいと思っていますか?」…放送文の第1段落2文目 I want to work with animals in the future.より、work が適切。

質問2　「由美の兄(弟)はポチのために何をしますか?」…放送文の第2段落最後の文 My brother washes Pochi twice every month,より、⒜は washes、⒝は twice が適切。

質問3　「先週の土曜日、由美はなぜ驚いたのですか?」…放送文の第3段落最後の2文 my father brought another dog home.　I was surprised by that.より、彼女の父が家にもう1匹、犬を連れてきたからである。my father は her father にして答えること。

【放送文の要約】

　私は、動物や、動物の世話をする人たちを見物するために、動物園へ行くのが好きです。私は将来、動物と一緒に[質問1]働き(=work)たいと思っています。それで、動物に関する本を読んだり、テレビ番組を見たりするのが好きです。

　私の家族は動物が大好きです。私たちはポチという犬を飼っています。家族それぞれがポチのために違うことをします。母はいつもポチにエサをあげます。兄(弟)は毎月[質問2⒝]2回(=twice)、ポチを[質問2⒜]洗って(=washes)あげて、私は毎日30分ほどポチを散歩させます。

　先週の土曜日、私は午前中、ポチを公園まで散歩させて、そこで一緒にボールで遊びました。正午にポチと遊ぶのをおしまいにしました。家に着いてから1時間後に、[質問3]父が犬をもう1匹、家に連れてきました。私はそのことに驚かされました。

　今、私たちは犬を2匹飼っていて、彼らと一緒に生活を楽しんでいます。

解答例

A. 1. エ　2. ア　　B. 1. ウ　2. イ

C. 1. エ　2. イ　3. ウ

D. ①sleep　②food　③stop　④protect animals

解 説

A 1　「この絵を見なさい。この図書館では飲食はできません」…エが適当。　**2**　「現在，ここ東京空港はとても激しい雨が降っています。そのため，熊本行き KMA123 便は 15 分遅れて出発します」…アが適当。

B 1　最後に男性が「それは何時に終わるの？」と尋ねたから，ウ「午前 11 時 30 分よ」が適当。　**2**　最後に男性が「もう少しいかがですか？」と尋ねたから，イ「はい，お願いします」が適当。

C 1　質問「陽子は今，ジムを手伝う時間がありますか？」…ジム「陽子，僕の宿題を手伝ってくれない？」→陽子「ごめんね，できないわ。柔道の練習をしなければならないの」の流れより，エ「いいえ，ありません」が適当。　**2**　質問「ジムはアメリカで家族のために何をしたいですか？」…陽子「ジム，あなたは 5 か月間，日本に滞在しているわね？気に入っている和食は何？」→ジム「そうだな，天ぷらが 1 番好きだよ。アメリカに帰ったら，家族のために作ってあげたいんだ」→陽子「すごいじゃない！今度の週末に天ぷらを作る練習をしましょう」の流れより，イ「彼は大好きな和食を作りたい」が適当。

3　質問「ジムについて，正しいのはどれですか？」…陽子「ジム，休暇を楽しんだ？」→ジム「うん。家族が日本に来たので，3 日間，大阪に行ったんだ」→陽子「へえ。そこで何をしたの？」→ジム「初日は大阪城に行ったんだ。大阪ではぜひそこを訪れるべきだと思うよ。翌日は，大阪で人気のある食べ物をたくさん食べたんだ。タコ焼きがすごく気に入ったよ。路上で食べたのもおもしろかったな。最後の

日は，ホテルの近くにある店に行ったんだ。そこで買い物を楽しんだよ」の流れより，ウ「彼はタコ焼きを食べるのを楽しんだ」が適当。ア「彼は友達と大阪を訪れた」，イ「彼は最後の日に大阪城に行った」，エ「彼は買い物に行けなかった」は不適当。

D　【放送文の要約】参照。①ケンタ「十分な睡眠時間をとるべきインターネットユーザーもいる」・enough time to ～「～するための十分な時間」②ユカ「世界で増え続ける人々を支える食料がますます必要になる」③ナナ「より多くの人が店でビニール袋を使うことをやめるべきである」・stop ～ing「～することをやめる」④質問「生徒たちは，次の授業で何を話し合いますか？」…最後の 2 文から答える。答え「彼らは次の授業で，動物を保護するためには何をすべきか，話し合います」・what to ～「何を～すべきか」

【放送文の要約】

この授業で私たちは，現在の世界について話し合いました。ケンタは，インターネットはとても便利なものだが，夜，インターネットを使ってあまりにも多くの時間を費やしてしまう人もいることを言いました。それで彼は，そういう人はもっと長く①眠るべきだと言いました。ユカは，ますます多くの人々が世界で暮らしていて，この人々を養うための②食料がますます必要になっていることを言いました。ナナは，まだ多くの人々が買い物でビニール袋を使っているが，この状況を変えるべきであり，自分のバッグを使い始めるべきだと言いました。ケンタ，ユカ，ナナをはじめ，生徒のみなさん全員に感謝します。さて，次の授業について伝えます。世界では多くの動物が棲みかを失っています。なぜなら私たちが家を建てたり，至る所に道路をつくったりするために，大量の木々を切り倒しているからです。それで④動物の保護のために，私たちは何をするべきか，考えるべきです。次の授業では，それについて話し合いましょう。

高校入試対策

英語リスニング 練習問題

解 答 集

 contents

※問題は別冊です

K 教英出版

入試本番に向けて

入試本番までにしておくこと

入試本番までに志望校の過去問を使って出題パターンを把握しておこう。英語リスニング問題は学校ごとに出題傾向があります。受験する学校の出題パターンに慣れておくことが重要です。

リスニング開始直前のチェックポイント

音声が流れるまでに問題文全体にざっと目を通そう。それぞれの問題で話題となる場面や登場人物をチェックしておこう。

✅ イラストを check!

英語リスニング問題ではイラストやグラフが使われることが多くあります。イラストなら<u>共通点と相違点を見つけて</u>，放送される事がらを予想しておこう。グラフなら<u>たて軸とよこ軸が何を表しているか</u>を見ておこう。

✅ 選択肢を check!

英文を選ぶ問題では，選択肢の登場人物，場所，日時などを事前に見つけ出して○やアンダーラインなどの"しるし"をつけておこう。また，選択肢の共通点と相違点を見つけて質問を予想しておこう。

✅ 数字表現を check!

英語リスニング問題で必ず出題されるのが数字表現です。問題に数を表したイラストや時間を表す単語などがあるときは，数字を意識して解く問題だと予想しておこう。あらかじめ，問題文の英単語を数字に置きかえてメモしておく（fifteen → 15）とよい。

リスニング本番中の心構え

✅ メモにとらわれない！

英語リスニング問題ではほとんどの場合，「放送中にメモを取ってもかまいません。」という案内があります。特に，長文を聴き取らなくてはならないときはメモは不可欠です。ただし，メモを取るときに注意すべきことがあります。それは，<u>メモを取ることに集中しすぎて音声を聴き逃さない</u>ことです。○やアンダーラインなど自分がわかる"しるし"をうまく活用して，「聴く」ことから気をそらさないようにしよう。

✅ 2回目は聴き方を変える！

放送文が1回しか読まれない入試問題もありますが，多くの場合は質問も含めて2回繰り返して読まれます。2回繰り返して読まれるときは，1回目と2回目で聴き方を変えます。1回目は状況や場面を意識し，（質問が先に放送される場合は，）2回目は質問に合う答えを出すことを意識しよう。1回目で答えがわかったときは，2回目は聴き違いがないか消去法を使って確実に聴き取ろう。

問題を解き終えたら，基本問題集（別冊）P1～P2の手順で答え合わせと復習をしよう。
解答集の左側のページにあるQRコードを読み取ると，そのページの**さらに詳しい解説**を見ることができます。

 まとめ （P37～38）

「**覚えたい表現**」をおさらいしておこう。
このページのQRコードを読み取ると，グループ分けした「**覚えたい表現**」を見ることができます。

 （P39）

「**聞き違いをしやすい表現**」を知っておこう。
このページの音声はCDや教英出版ウェブサイトで聴くことができます。

もっと **リスニング力** をつけるには

🔊 **音声に合わせてシャドーイング（発音）してみよう！**
正しい発音ができるようになると聴く力もぐんと上がります。まずは自分のペースで放送文を声に出して読んでみよう。次に音声に合わせて発音していこう。最初は聴こえたまま声に出し，慣れてきたら正しい発音を意識しよう。繰り返すうちに，おのずと正しい発音を聴き取る耳が鍛えられます。

🔊 **音声を聴きながらディクテーション（書き取り）してみよう！**
聴こえた英文を書き取る練習をしよう。何度も聴いて文が完成するまでトライしよう。聴き取れなかった単語や文がはっきりするので，弱点の克服につながります。また，英語を書く力も鍛えられます。

第1章　　　　絵・グラフ

基本問題A

解答　No.1　イ　　No.2　ア　　No.3　エ

 放送文　

No.1
　　女：★What do you want to do in the future?
　　男：I want to help sick people at a hospital .
　　Question：What kind of job does the boy want to do in the future?

No.2
　　男：Mom, I'm going to play baseball in the park.
　　　　I'll go there ★by bike.
　　女：Taro, you need this on your head when you ride your bike.
　　男：Thank you.
　　Question：What does Taro need on his head?

No.3
　　女：Ken, I want eggs , two oranges and three apples .
　　　　★Can you go to the store to buy them?
　　男：OK, Mom. ★Can I buy juice , too?
　　女：Yes, you can.
　　Question：What will Ken buy?

> **覚えたい表現**
> Memory work
>
> ★What do you want to do in the future?
> 「あなたは将来何をしたいですか?」
>
> ★by bike
> 「自転車で」
>
> ★Can you ～ ?
> 「～してくれませんか?」
> ★Can I ～ ?
> 「～してもいいですか?」

基本問題B

解答　No.1　ア　　No.2　イ　　No.3　ア　　No.4　イ

 放送文　

No.1　A man is ★looking at a clock on the wall .
　　Question：Which person is the man?

No.2　It was snowing this morning, so I couldn't go to school by bike. I ★had to walk.
　　Question：How did the boy go to school this morning?

> **覚えたい表現**
> Memory work
>
> ★look at ～
> 「～を見る」
>
> ★have to ～
> 「～しなければならない」

最初に４つの絵を見ておけば，No.1は職業，No.2は場所やものに関すること，No.3は食品の種類と数についての話だと予想できるね。

日本語訳

No.1　⼥：あなたは将来何をしたいの？

　　　　⼥：僕は 病院 で 病気の 人を助けたいよ。

　　Question：少年が将来やりたい仕事は何ですか？

sick「病気の」やhospital「病院」から，医者だとわかるね。

No.2　⼥：お母さん，僕は公園で野球をする予定だよ。

　　　　　自転車でそこへ行くよ。

　　　　⼥：タロウ，自転車に乗るなら，頭部にはこれが必要よ。

　　　　⼥：ありがとう。

　　Question：タロウは頭部に何が必要ですか？

「自転車」や「頭にかぶる必要があるもの」からヘルメットだね。

No.3　⼥：ケン，私は 卵 ， みかん２個 ，りんご３個 がほしいわ。

　　　　　それらを買うためにお店に行ってもらえる？

　　　　⼥：いいよ，お母さん。ジュース も買っていい？

　　　　⼥：いいわよ。

　　Question：ケンは何を買うでしょうか？

卵
みかん 2 個
りんご 3 個
ジュース
ジュースを忘れずに。

４つの絵を見比べて，メモする内容を予想できたかな？　No.1は男性がしていること，No.2は天気と移動手段，No.3は少年の体調，No.4は時刻だね。

日本語訳

No.1　男性が 壁 の 時計 を見ています。

　　Question：その男性はどの人ですか？

clock「掛け時計／置き時計」より，アだね。

No.2　今朝は 雪が降って いたので，私は学校に自転車で行けませんでした。私は歩かなければなりませんでした。

　　Question：その少年は今朝，どうやって学校へ行きましたか？

"snowing"，"walk"が聞き取れれば，イとわかるね。

No.3　(女)：★What's the matter?

　　　(男)：Well, I've had a stomachache since this morning.

　　　　　 I didn't have it ★last night.

　　　(女)：That's too bad. Are you all right?

　　　Question：When did the boy have a stomachache?

覚えたい表現
Memory work

★What's the matter?
「どうしたの？」
★last night「昨夜」

No.4　(女)：Good morning, Kanta. Did you sleep well last night?

　　　(男)：Yes, Judy. I ★went to bed at eleven last night and ★got

　　　　　 up at seven this morning.

　　　(女)：Good. I could only sleep ★for six hours.

　　　Question：What time did Kanta get up this morning?

★go to bed
「寝る」
★get up「起きる」

★for ～（期間を表す言葉）「～の間」

練習問題A

解答　No.1　ア　　No.2　エ　　No.3　ア　　No.4　ウ

 放送文　

No.1　(女)：Ah, I hope it will ★stop raining soon.

　　　(男)：It was sunny yesterday.

　　　(女)：Yes. But the TV says we will have snow this

　　　　　 afternoon.

　　　(男)：Really? ★How about tomorrow?

　　　(女)：It will be cloudy.

　　　Question：How will the weather be tomorrow?

覚えたい表現
Memory work

★stop ～ing
「～することをやめる」

★How about ～？
「～はどうですか？」

No.2　(男)：★Thank you for giving me a birthday present, Mary.

　　　　　 I like the bag very much.

　　　(女)：I'm happy you like it, Kenta.

　　　　　 Oh, you're wearing a nice T-shirt today.

　　　(男)：This is a birthday present from my sister.

　　　　　 And my mother made a birthday cake ★for me.

　　　(女)：Great. But you wanted a computer, right?

　　　(男)：Yes, I got one from my father!

　　　Question：What did Kenta get from his father?

★Thank you for
～ing.
「～してくれてありがとう」

★for ～（対象を表す言葉）「～のために」

No.3　⼥：どうしたの？

　　　男：うーん，今朝からずっとお腹が痛いんです。
　　　　　昨夜は痛くなかったのですが。

　　　⼥：それは大変ね。大丈夫？

　　　Question：少年はいつお腹が痛かったてすか？

解 説
Explanation

昨夜
お腹が痛くない。
今朝
お腹が痛い。

No.4　⼥：おはよう，カンタ。昨夜はよく眠れた？

　　　男：うん，ジュディ。昨夜は11時に寝て，今朝は7時に起きたよ。

　　　⼥：いいね。私は6時間しか眠れなかったわ。

　　　Question：カンタは 今朝 何時に起きましたか？

質問に
this morning「今朝」
とあるから起きた時
刻の午前7時だね。

　No.1は天気，No.2は誕生日プレゼント，No.3は時刻，No.4はクラスのアンケート結果に
ついてメモしよう。No.3は計算が必要だね。

日本語訳

No.1　⼥：ああ，すぐに雨が止んでほしいわ。

　　　男：昨日は晴れていたのに。

　　　⼥：ええ。でもテレビによると，今日の午後は雪らしいわ。

　　　男：本当に？ 明日 はどう？

　　　⼥：くもりらしいわ。

　　　Question： 明日 の天気はどうですか？

解 説
Explanation

昨日：晴れ
現在：雨
今日午後：雪
明日：くもり
質問はtomorrow
「明日」だからくもり
だね。

No.2　男：誕生日プレゼントをありがとう，メアリー。
　　　　　バッグをとても気に入ったよ。

　　　⼥：気に入ってくれてよかったわ，ケンタ。
　　　　　あら，今日は素敵なTシャツを着ているわね。

　　　男：これは姉(妹)からの誕生日プレゼントなんだ。
　　　　　母も僕のために誕生日ケーキを作ってくれたんだ。

　　　⼥：すてき。でもあなたはパソコンがほしかったんでしょ？

　　　男：そうだよ， 父 からもらったよ！

　　　Question：ケンタは 父 から何をもらいましたか？

メアリー：バッグ
姉(妹)：Tシャツ
母：誕生日ケーキ
父：パソコン
質問はfather「父」か
らもらったものだか
ら，パソコンだね。

No.3 女：The movie will start at 11:00.

★What time shall we meet tomorrow, Daiki?

男：How about meeting at the station at 10:30, Nancy?

女：Well, I want to go to a bookstore with you before the movie starts. Can we meet earlier?

男：All right. Let's meet at the station fifty minutes before the movie starts.

女：OK. See you tomorrow!

Question：What time will Daiki and Nancy meet at the station?

★What time shall we meet?
「何時に待ち合わせようか？」

No.4 女：Tsubasa, look at this!

We can see the most popular sports in each class.

男：Soccer is ★the most popular in my class, Mary.

女：Soccer is popular in my class, too.
But volleyball is more popular.

男：I see. And many of my classmates want to play softball.
I want to try it, too!

女：Really? ★No students in my class want to play softball.

Question：Which is Mary's class?

★the＋最上級＋in
＋○○
「○○の中で最も…」

★no＋人
「(人)が1人もいない」

練習問題Ｂ

> 解答　No.1　ア　　No.2　ウ　　No.3　ア　　No.4　ウ

No.1 女：Kota, what a nice room!

男：Thank you! Do you know what this is, Judy?

女：No. ★I've never seen it before. Is it a table?

男：Yes, but this is not just a table.
This also ★keeps us warm in winter.

Question：What are they talking about?

★I've never ～.
「私は一度も～したことがない」

★keep＋人／もの
＋状態「(人／もの)
を(状態)に保つ」

No.3　　（女）：映画は11時に始まるわ。

　　　　　　　　明日は何時に待ち合わせようか，ダイキ？

　　　　（男）：10時半に駅で待ち合わせるのはどう，ナンシー？

　　　　（女）：そうねぇ，私は映画が始まる前にあなたと書店に行きたいわ。

　　　　　　　　もっと早く待ち合わせできる？

　　　　（男）：いいよ。映画が始まる50分前に駅で会おう。

　　　　（女）：わかったわ。また明日ね！

　　　Question：ダイキとナンシーは何時に駅で待ち合わせますか？

解説
Explanation

11時に映画が始まる。その50分前に待ち合わせるから，**ア**の「10時10分」だね。fifty「50」は前にアクセント，fifteen「15」は後ろにアクセントがあるよ。

No.4　　（女）：ツバサ，これを見て！

　　　　　　　　それぞれのクラスで1番人気のあるスポーツがわかるわ。

　　　　（男）：僕のクラスではサッカーが1番人気だね，メアリー。

　　　　（女）：サッカーは私のクラスでも人気よ。

　　　　　　　　でも，バレーボールの方がもっと人気だわ。

　　　　（男）：そうだね。それから，僕のクラスメートの多くはソフトボールをやりたいようだよ。僕もやってみたいな！

　　　　（女）：本当？私のクラスではソフトボールをやりたい生徒はいないわ。

　　　Question：メアリーのクラスはどれですか？

ツバサのクラス：
サッカーが1位
ソフトボールが人気

メアリーのクラス：
サッカーよりバレーボールが人気
ソフトボールが0人

 グラフの問題の音声を聞くときは，1番多い（少ない）もの，増加，減少などをメモしよう。消去法も有効だよ。

日本語訳

No.1　　（女）：コウタ，何て素敵な部屋なの！

　　　　（男）：ありがとう！これは何か知ってる，ジュディ？

　　　　（女）：いいえ。一度も見たことがないわ。テーブルかしら？

　　　　（男）：そうだよ，でもこれはただのテーブルではないんだ。

　　　　　　　　これは冬に僕らを温めてもくれるんだ。

　　　Question：彼らは何について話していますか？

解説
Explanation

ただのテーブルではなく，温めてくれるもの→「こたつ」だね。

覚えたい表現
Memory work

No.2　(男)：Kate, this is a picture of our music band.

We played some songs at the ★school festival this year.

It was a wonderful time for us!

(女)：You ★look excited, Hiroshi.

Who is the student playing the guitar ★next to you?

(男)：He is Ryosuke. He plays the guitar well, and the other student playing the guitar is Taro.

(女)：I see. The student playing the drums is Takuya, right?

★I hear he ★is good at singing, too.

Question：Which boy is Hiroshi?

★school festival
「学園祭」
★look 〜
「〜のように見える」
★next to 〜
「〜のとなりに」

★I hear (that) 〜.
「〜だそうだ」
★be good at 〜 ing
「〜することが得意だ」

No.3　It was interesting to know what activity you enjoyed the best in my English class.

I ★was glad to know that ★over ten students chose ★making speeches. Eight students chose reading stories, and ★the same number of students chose writing diaries.

Maybe you can guess the most popular activity among you. It was listening to English songs.

I hope you will ★keep enjoying English.

Question：Which graph is the speaker explaining?

★be glad to 〜
「〜してうれしい」
★over 〜「〜以上」
★make a speech
「スピーチをする」
★the number of 〜
「〜の数」

★keep 〜 ing
「〜し続ける」

No.4　Look at the graph.

This is a graph of the number of visitors to the art museum which was built in 2014 in our city.

The number kept ★going up until 2016.

But the next year, it ★went down 20%.

The numbers in 2017 and 2018 were the same.

Question：Which graph is the speaker explaining?

★go up「増加する」

★go down
「減少する」

No.2　男：ケイト，これは僕らの音楽バンドの写真だよ。

　　　　　僕らは今年学園祭で何曲か演奏したんだ。

　　　　　僕らにとってすばらしい時間だったよ！

　　　女：興奮しているようね，ヒロシ。

　　　　　あなたのとなりでギターを弾いているのは誰？

　　　男：彼はリョウスケだよ。彼はギターが上手なんだ，そしても

　　　　　う1人，ギターを弾いているのがタロウだよ。

　　　女：そうなの。ドラムをたたいているのはタクヤね？

　　　　　彼は歌も上手だそうね。

　　Question：どの少年がヒロシですか？

解説
Explanation

ギター：
リョウスケとタロウ
ドラム：タクヤ
ヒロシはリョウスケ
のとなりにいる**ウ**だ
ね。

No.3　私の英語の授業の中で，みなさんが何の活動を一番楽しんだか

　　がわかって興味深かったです。

　　私は，10人以上の生徒がスピーチをすることを選んでくれたと

　　知って，うれしく思いました。8人の生徒が物語を読むことを

　　選び，同じ人数の生徒が日記を書くことを選びました。

　　みなさんのあいだで一番人気があったものはたぶん想像がつく

　　と思います。

　　英語の歌を聞くことでした。

　　これからもずっと英語を楽しんでほしいです。

　　Question：話し手が説明しているのはどのグラフですか？

音声を聞く前にグラ
フの項目名を見てお
こう。
スピーチ：10人以上
物語：8人
日記：物語と同じ人数
英語の歌：最も人気

これらの情報から**ア**
を選べるね。

No.4　グラフを見て下さい。

　　これは，2014年に私たちの市に建てられた美術館の，来場者数

　　のグラフです。

　　その数は2016年まで増加し続けました。

　　しかし，次の年に20％減少しました。

　　2017年と2018年は同数でした。

　　Question：話し手が説明しているのはどのグラフですか？

増減に着目しよう。
「2016年まで増加」
「2017年と2018年は
同数」より，**ウ**だ
ね。

第2章　　　　　次の一言

基本問題

解答　No.1　イ　　No.2　ウ　　No.3　イ　　No.4　ア

🔊 **放送文** 💿5

No.1　㊛：★Have you ever been to a foreign country?

　　　　㊚：Yes. I went to Australia last year.

　　　　㊛：Oh, I see. How long did you stay there?

ア　By plane.	④ **For six days.**	ウ　With my family.

No.2　㊛：★May I help you?

　　　　㊚：Yes, I'm ★looking for a blue jacket.

　　　　㊛：How about this one?

ア　Here you are.	イ　I'm just looking.	⑤ **It's too expensive for me.**

No.3　㊛：★What are you going to do this weekend?

　　　　㊚：I'm going to ★go fishing in the sea with my father if it's sunny.

　　　　㊛：Really? That will be fun.

ア　Sorry, I'm busy.　④ **I hope the weather will be nice.**
ウ　Nice to meet you.

No.4　㊛：Hello.

　　　　㊚：Hello, this is Mike. ★May I speak to Yoko?

　　　　㊛：I'm sorry. She isn't at home now.

⑦ **OK. I'll call again later.**　イ　Shall I take a message?
ウ　Hello, Yoko. How are you?

📍 **覚えたい表現**
Memory work

★Have you ever been to 〜?
「〜に行ったことがありますか?」

★May I help you?
「お手伝いしましょうか?／いらっしゃいませ」
★look for 〜
「〜を探す」

★What are you going to do?
「何をするつもりですか?」
★go fishing
「釣りに行く」

★May I speak to 〜?
「(電話で)〜さんをお願いできますか?」

最後の英文をメモできたかな。質問ならばそれに合う答えを選び，質問でなければ，話の流れから考えよう。消去法も有効だよ。

解説
Explanation

日本語訳

No.1　⼥：外国に行ったことはある？

　　　　�774⽴男：うん。去年，オーストラリアに行ったよ。

　　　　⼥：あら，そうなの。そこにはどれくらい滞在したの？

ア　飛行機だよ。　　㋑　6日間だよ。　　ウ　家族と一緒にだよ。

最後の英文
How long ～？
「（期間をきいて）どれくらい～？」より，返答はFor ～.
「～間です」だね。

No.2　⼥：お手伝いしましょうか？

　　　　男：はい，青いジャケットを探しています。

　　　　⼥：こちらはいかがですか？

ア　はい，どうぞ。　イ　見ているだけです。　㋒　私には値段が高すぎます。

最後の英文
How about this one?
「こちらはいかがですか？」より，返答はウだね。

No.3　⼥：この週末は何をするつもりなの？

　　　　男：晴れたら，父と海に釣りに行くつもりだよ。

　　　　⼥：本当に？それは楽しそうね。

ア　ごめん，僕は忙しいんだ。　㋑　天気が良いことを願うよ。 ウ　会えてうれしいよ。

最後の英文が質問ではない。その前に「晴れたら…」と言っているので，話の流れからイだね。

No.4　⼥：もしもし。

　　　　男：もしもし，マイクです。ヨウコさんをお願いできますか？

　　　　⼥：ごめんね。彼女は今家にいないわ。

㋐　わかりました。あとでかけ直します。　イ　伝言を預かりましょうか？ ウ　やあ，ヨウコ。元気？

電話で相手が不在だった場合，電話をかけた側がよく使う表現を選ぶよ。ふさわしいのはアだね。

練習問題

| 解答　No.1　エ　　No.2　ウ　　No.3　イ　　No.4　ア |

🔊 **放送文** 💿**6**

No.1　(男)：Hello?

　　　　(女)：This is Natsuki. May I speak to Jim, please?

　　　　(男)：I'm sorry, but ★you have the wrong number.

> ア　I don't know your phone number.
> イ　I see. Do you want to leave a message?
> ウ　Can you ask him to call me?
> ㋹ **I'm so sorry.**

No.2　(男)：Have you finished cooking?

　　　　(女)：No. ★I've just washed the tomatoes and carrots.

　　　　(男)：OK. Can I help you?

> ア　Sorry. I haven't washed the tomatoes yet.
> イ　I don't think so. Please help me.
> ㋒ **Thanks. Please cut these carrots.**
> エ　All right. I can't help you.

No.3　(女)：It's so hot today. Let's have something to drink.

　　　　(男)：Sure. I know a good shop. It ★is famous for fruit juice.

　　　　(女)：Really? ★How long does it take to get there from here by bike?

> ア　Ten o'clock in the morning.　　㋑ **Only a few minutes.**
> ウ　Four days a week.　エ　Every Saturday.

No.4　(男)：Whose notebook is this? ★There's no name on it.

　　　　(女)：Sorry, Mr. Jones. It's mine.

　　　　(男)：Oh, Ellen. You should write your name on your notebook.

> ㋐ **Sure. I'll do it now.**　イ　No. I've never sent him a letter.
> ウ　Yes. You found my name on it.　エ　Of course. I finished my homework.

📍 **覚えたい表現**
Memory work

★You have the wrong number.
「番号が違っています」

★I've just＋過去分詞.
「ちょうど〜したところだ」

★be famous for 〜
「〜で有名である」
★How long does it take to 〜？
「〜するのにどれくらい時間がかかりますか？」

★There is no 〜.
「〜がない」

最後の英文を聞き取って，メモできたかな？質問や提案に対する受け答えを注意深く選ぼう。

日本語訳

No.1　男：もしもし？

　　　　女：ナツキです。ジムさんをお願いできますか？

　　　　男：すみませんが，番号が違っています。

- ア　私はあなたの電話番号を知りません。
- イ　わかりました。伝言を残したいですか？
- ウ　私に電話するよう彼に伝えてくれますか？
- エ　失礼しました。

男性の「番号が違っています」に対して，エ「失礼しました」以外は不適切だね。

No.2　男：料理は終わった？

　　　　女：いいえ。ちょうどトマトとニンジンを洗ったところよ。

　　　　男：よし，手伝おうか？

- ア　ごめん。私はまだトマトを洗い終えていないの。
- イ　そうは思わないわ。私を手伝って。
- ウ　ありがとう。ニンジンを切って。
- エ　わかったわ。私は手伝えないわ。

男性の提案「手伝おうか？」に対して，ウ「ありがとう。ニンジンを切って」以外は不適切だね。

No.3　女：今日はとても暑いわ。何か飲みましょう。

　　　　男：いいね。いい店を知っているよ。フルーツジュースで有名なんだ。

　　　　女：本当に？自転車でそこに行くのにどれくらい時間がかかるの？

- ア　午前10時だよ。　　イ　ほんの数分だよ。
- ウ　週に４日だよ。　　エ　毎週土曜日だよ。

How long does it take to ～?「～するのにどれくらい時間がかかりますか？」に対して，イ Only a few minutes.「ほんの数分」以外は不適切だね。

No.4　男：これは誰のノートかな？名前が書いてないな。

　　　　女：すみません，ジョーンズ先生。私のです。

　　　　男：おお，エレン。ノートには自分の名前を書いておくべきだよ。

- ア　わかりました。すぐにそうします。
- イ　いいえ。彼に手紙を送ったことはありません。
- ウ　はい。あなたはそこに私の名前を見つけましたよね。
- エ　もちろんです。私は宿題を終えました。

先生から「ノートには自分の名前を書いておくべきだよ」と言われたことに対して，ア「わかりました。すぐにそうします」以外は不適切だね。

← さらに詳しい解説

第3章　　対話や英文と質問（1つ）

基本問題

解答　No.1　エ　　No.2　ア　　No.3　ウ

No.1　Mike finished his homework.

He was very hungry.

His mother said, "Dinner *is ready.

Please *tell Dad to come to the dining room."

So he went to his father.

Question : What is Mike's mother going to do?

ア　She is going to do Mike's homework with her husband.
イ　She is going to cook dinner in the dining room.
ウ　She is going to go to the dining room with Mike.
エ　She is going to eat dinner with her husband and Mike.

★be ready
「準備ができている」
★tell＋人＋to ～
「（人）に～するように言う」

No.2　㊛: Tom, how's the pizza?

㊚: It's delicious, Lisa. I like your pizza very much.

㊛: Thank you. *Would you like some more?

Question : What will Tom say next?

ア　Yes, please. I want more.　　イ　Help yourself, Lisa.
ウ　I'm sorry. I can't cook well.　エ　Of course. You can take it.

★Would you like some more?
「もう少しいかが？」
（食べ物などを勧めるときの表現）

No.3　㊛: I want this black pen . *How much is it?

㊚: Now we're having a sale. It's 1,500 yen this week.

㊛: I'll take it. It's a birthday present for my father.

Question : Where are they?

ア　They are in the nurse's office.　　イ　They are in the library.
ウ　They are at a stationery shop.　　エ　They are at a birthday party.

★How much ～?
「～はいくらですか？」

選択肢を読み比べておくと，誰の何について質問されるかをある程度予想できるよ。対話を聞きながら，人の名前や行動などをメモしよう。

日本語訳

No.1 マイクは宿題を終えました。

彼はとてもお腹がすいていました。

母親が言いました。「夕食の準備ができたわ。

お父さんにダイニングに来るように言って」

それで彼は父親のところに行きました。

Question：マイクの母親は何をするつもりですか？

> ア　彼女は夫と一緒にマイクの宿題をするつもりです。
> イ　彼女はダイニングで夕食を作るつもりです。
> ウ　彼女はマイクとダイニングに行くつもりです。
> エ　**彼女は夫とマイクと一緒に夕食を食べるつもりです。**

解説 Explanation

マイク：宿題が終わった。おなかがすいた。父親を呼びに行く。
母親：夕食の準備ができた。
つまり，これから3人で夕食を食べるので，**エ**だね。

No.2 　㊛：トム，ピザはどう？

　　㊚：おいしいよ，リサ。僕は君のピザが大好きだよ。

　　㊛：ありがとう。もう少しいかが？

Question：トムは次に何を言うでしょうか？

> ㋐　**うん，お願い。もっとほしい。**　　イ　自由に取ってね，リサ。
> ウ　ごめん。うまく料理できないんだ。　　エ　もちろん。取っていいよ。

リサがトムに「もう少しいかが？」と勧めているので，**ア**だね。

No.3 　㊛：私はこの 黒いペン を買いたいです。おいくらですか？

　　㊚：ただいまセール中です。今週は1500円です。

　　㊛：それをいただきます。父への誕生日プレゼントなんです。

Question：彼らはどこにいますか？

> ア　彼らは保健室にいます。　　イ　彼らは図書館にいます。
> ㋒　**彼らは文具店にいます。**　　エ　彼らは誕生日会にいます。

黒いペンを売っている店だから，**ウ**の stationery shop「文具店」だね。

練習問題

解答　No.1　ア　　No.2　イ　　No.3　ア　　No.4　イ

 放送文 　

No.1　㊚：I'm going to buy a birthday present for my sister. Lisa, can you go with me?

　　　㊛：Sure, Ken.

　　　㊚：★Are you free tomorrow?

　　　㊛：Sorry, I can't go tomorrow. When is her birthday?

　　　㊚：Next Monday. Then, how about this Saturday or Sunday?

　　　㊛：Saturday is fine with me.

　　　㊚：Thank you.

　　　㊛：What time and where shall we meet?

　　　㊚：How about at eleven at the station?

　　　㊛：OK. See you then.

　Question：When are Ken and Lisa going to buy a birthday present for his sister?

★Are you free?
「（時間が）空いている？」

ア　This Saturday.　イ　This Sunday.　ウ　Tomorrow.　エ　Next Monday.

No.2　㊛：Hello?

　　　㊚：Hello. This is Tom. Can I speak to Eita, please?

　　　㊛：Hi, Tom. I'm sorry, he ★is out now.
　　　　　Do you ★want him to call you later?

　　　㊚：Thank you, but I have to go out now. ★Can I leave a message?

　　　㊛：Sure.

　　　㊚：Tomorrow we are going to do our homework at my house. ★Could you ask him to bring his math notebook?
　　　　　I have some questions to ask him.

　　　㊛：OK, I will.

　Question：What does Tom want Eita to do?

★be out
「外出している」
★want＋人＋to ～
「（人）に～してほしい」
★Can I leave a message?
「伝言をお願いできますか？」

★Could you ～？
「～していただけませんか？」

ア　To do Tom's homework.　イ　To bring Eita's math notebook.
ウ　To call Tom later.　エ　To leave a message.

音声を聞く前に選択肢を読み比べて，質問される人や内容を考えておこう。対話が長いので，ポイントをしぼってメモをとろう。

日本語訳

No.1

男：姉(妹)の誕生日プレゼントを買おうと思っているんだ。リサ，一緒に来てくれない？

女：いいわよ，ケン。

男：明日は空いてる？

女：ごめんね，明日は行けないわ。彼女の誕生日はいつ？

男：次の月曜日だよ。じゃあ，この土曜日か日曜日はどう？

女：土曜日は都合がいいわ。

男：ありがとう。

女：何時にどこで待ち合わせる？

男：11時に駅でどうかな？

女：ええ。じゃあそのときね。

Question：ケンとリサはいつ彼の姉(妹)の誕生日プレゼントを買うつもりですか？

⑦ この土曜日。　イ　この日曜日。　ウ　明日。　エ　次の月曜日。

選択肢より，曜日に注意してメモをとろう。This Saturday.「この土曜日」の**ア**だね。

No.2

女：もしもし？

男：もしもし。トムです。英太さんをお願いできますか？

女：こんにちは，トム。ごめんね，彼は今外出しているわ。あとでかけ直すようにしましょうか？

男：ありがとうございます，でもすぐに外出しないといけないんです。伝言をお願いできますか？

女：いいわよ。

男：明日，僕の家で一緒に宿題をすることになっています。数学のノートを持ってくるよう彼に頼んでいただけませんか？彼にいくつか尋ねたいことがあるんです。

女：わかったわ，伝えておくわ。

Question：トムが英太にしてほしいことは何ですか？

ア　トムの宿題をすること。　　⑦　数学のノートを持ってくること。
ウ　あとてトムに電話すること。　エ　伝言を残すこと。

選択肢より，英太がトムに対してすること(トムが英太にしてほしいこと)を選ぼう。トムは3回目の発言で**イ**の内容の伝言を伝えたんだね。

No.3　 🚺 : Hi, Mike. ★What kind of book are you reading?

　　　　 🚹 : Hi, Rio. It's about *ukiyoe* pictures. I learned about them last week.

　　　　 🚺 : I see. You can see *ukiyoe* in the city art museum now.

　　　　 🚹 : Really? I want to visit there.

　　　　　　In my country, there are some museums that have *ukiyoe*, too.

　　　　 🚺 : Oh, really? I ★am surprised to hear that.

　　　　 🚹 : I have been there to see *ukiyoe* once.

　　　　　　I want to see them in Japan, too.

　　　　 🚺 : I went to the city art museum last weekend.

　　　　　　It was very interesting. You should go there.

　　Question : Why was Rio surprised?

> ⑦ Because Mike said some museums in his country had *ukiyoe*.
> イ　Because Mike learned about *ukiyoe* last weekend.
> ウ　Because Mike went to the city art museum in Japan last weekend.
> エ　Because Mike didn't see *ukiyoe* in his country.

No.4　 🚺 : Hello, Hiroshi. How was your holiday?

　　　　 🚹 : It was great, Lisa. I went to Kenroku-en in Kanazawa. It is a beautiful Japanese garden.

　　　　 🚺 : How did you go there?

　　　　 🚹 : I took a train to Kanazawa from Toyama.

　　　　　　Then I wanted to take a bus from Kanazawa Station, but there were many people. So I ★decided to walk.

　　　　 🚺 : Oh, really? How long did it take ★from the station to Kenroku-en?

　　　　 🚹 : About 25 minutes. I saw many people from other countries.

　　　　 🚺 : I see. Kanazawa is an ★international city.

　　Question : Which is true?

> ア　It took about 25 minutes from Toyama to Kanazawa.
> ⑦ Hiroshi walked from Kanazawa Station to Kenroku-en.
> ウ　Hiroshi went to many countries during his holiday.
> エ　Hiroshi took a bus in Kanazawa.

📍 **覚えたい表現**
Memory work

★What kind of 〜？
「どんな種類の〜？」

★be surprised to 〜
「〜して驚く」

★decide to 〜
「〜することに決める
／決心する」
★from A to B
「AからBまで」

★international
「国際的な」

No.3　女：こんにちは，マイク。どんな本を読んでいるの？

　　　男：やあ，リオ。浮世絵についての本だよ。先週それらについて学んだんだ。

　　　女：そうなの。今，市立美術館で浮世絵を見ることができるよ。

　　　男：本当に？そこに行きたいな。
　　　　　僕の国にも，浮世絵のある美術館があるよ。

　　　女：え，本当に？それを聞いて 驚いた わ。

　　　男：僕は一度そこに浮世絵を見に行ったことがあるよ。
　　　　　日本でも見たいな。

　　　女：先週末，市立美術館に行ったの。
　　　　　とても面白かったわ。あなたも行くべきよ。

　　Question：なぜリオは驚きましたか？

> ㋐ マイクが彼の国の美術館に浮世絵があると言ったから。
> イ　マイクが先週末に浮世絵について学んだから。
> ウ　マイクが先週末に日本の市立美術館に行ったから。
> エ　マイクが彼の国で浮世絵を見なかったから。

解説
Explanation

選択肢が全て
Because Mike ～．
マイクが言ったことは
・浮世絵についての
　本を読んでいる。
・浮世絵のある美術
　館が自国にもある。
・自国の美術館に浮
　世絵を見に行った
　ことがある。
・日本でも浮世絵を
　見たい。
質問は「リサが驚い
た理由」だから，㋐だ
ね。

No.4　女：こんにちは，ヒロシ。休みはどうだった？

　　　男：すばらしかったよ，リサ。金沢の兼六園に行ったよ。
　　　　　美しい日本庭園だよ。

　　　女：そこにはどうやって行ったの？

　　　男：富山から金沢まで電車に乗ったよ。
　　　　　そして金沢駅からはバスに乗りたかったけれど，とても
　　　　　たくさんの人がいたんだ。それで僕は歩くことにしたよ。

　　　女：まあ，本当？駅から兼六園までどれくらい時間がかかったの？

　　　男：約25分だよ。外国から来たたくさんの人を見たよ。

　　　女：なるほど。金沢は国際都市ね。

　　Question：どれが正しいですか？

> ア　富山から金沢まで約25分かかった。
> ㋑ ヒロシは金沢駅から兼六園まで歩いた。
> ウ　ヒロシは休みの間にたくさんの国に行った。
> エ　ヒロシは金沢でバスに乗った。

選択肢から以下の
キーワードにしぼっ
て，音声の同様の単
語に注意しよう。
ア 25 minutes
イ walk
ウ many countries
エ bus
アはヒロシの3回目，
イ，エは2回目の発
言にあるけど，ウは
音声にはないね。ヒ
ロシは金沢駅から兼
六園まで歩いたの
で，イだね。

第4章　　語句を入れる

基本問題

> 解答　No.1　（ア）土　（イ）2時30分　（ウ）青
>
> 　　　　No.2　（ア）博物館〔別解〕美術館　（イ）150　（ウ）生活〔別解〕暮ら

 放送文

No.1　（女）：David, the festival will ★be held ₇ from Friday to Sunday , right?

　（男）：Yes, Kyoko. I'm going to join the dance event at the music hall ₇★ on the second day .

　（女）：That's great! Can I join, too?

　（男）：Sure. It will start at ₁ three in the afternoon.
Let's meet there ₁ 30 minutes before that .
We will wear ₉ blue T-shirts when we dance.
Do you have one?

　（女）：Yes, I do. I'll bring it.

No.2　（男）：What is this building, Kate? It looks very old.

　（女）：This is a ₇ museum , Eita.
It was built about ₁ 150 years ago and used as a school.

　（男）：What can we see here?

　（女）：You can see how people ₉ lived ★a long time ago.
★Shall we go inside now?

　（男）：OK. Let's go.

覚えたい表現
Memory work

★be held
「開催される」

★on the second
day「2日目に」

★a long time ago
「昔」
★Shall we 〜?
「（一緒に）〜しましょ
うか？」

音声を聞く前に空欄を見て，どのような語句が入るか予想しよう。数を聞き取る問題は，アクセントに注意しよう。

日本語訳

解 説
Explanation

No.1　女：デイビッド，お祭りは ア 金曜日から日曜日まで 開催されるのよね？

男：そうだよ，教子。僕は ア 2日目に 音楽ホールで行われるダンスイベントに参加する予定だよ。

女：いいわね！私も参加していい？

男：いいよ。それは午後 イ 3時 に始まるよ。
イ 30分前（＝午後2時30分）に現地で待ち合わせしよう。僕らはダンスをするときに ウ 青いTシャツ を着るんだ。持っている？

女：ええ，持っているわ。それを持っていくね。

お祭り：
金 曜日〜 日 曜日

ダンスイベント：
2 日目
開始時刻：午後 3 時
集合時刻： 30 分前
Tシャツの色： 青 色

No.2　男：この建物は何だろう，ケイト？とても古そうだね。

女：これは ア 博物館 よ，英太。
約 イ 150 年前に建てられて，学校として使われたの。

男：ここでは何を見ることができるの？

女：昔の人々がどのように ウ 生活していた かを見られるわ。では中に入りましょうか？

男：うん。行こう。

ア
museum「博物館／美術館」を聞き取ろう。

イ
one hundred and fifty（＝150）
fiftyのアクセントに注意。fiftyのアクセントは前にあるよ。

ウ
how以下が間接疑問。lived「生活していた」を聞き取ろう。

← さらに詳しい解説

練習問題

解答　No.1　（ア）Sunday　（イ）11 (in the morning)　No.2　（ア）learn　（イ）Thursday

 放送文 ◎10

No.1

男：Hi, Lisa. This is Mike. How's everything?

女：Great, thanks. *What's up?

男：My brother is coming to Fukuoka next Friday and will stay here for three weeks.

How about going to a ramen shop together?

He has wanted to eat ramen in Fukuoka *for a long time.

女：Oh, there's a good ramen shop near my house.

Let's go there.

男：That's great. He will be glad to hear that.

When and where shall we meet?

女：Can you come to my house at ィ eleven in the morning next Saturday?

Then we can walk to the ramen shop together.

男：I'm sorry, I can't. I'm busy until three in the afternoon that day.

How about * ィ the same time next ア Sunday ?

女：All right. Can I *invite my friend Nancy?

男：Sure. See you then. Bye.

No.2

男：Thank you for coming to our concert today, Aya. How was it?

女：Wonderful! Everyone was great. You especially played the violin very well, James. I really enjoyed the concert.

男：I'm glad to hear that.

女：I want to play the violin, too. ァ Can you teach me *how to play it ?

男：ァ Sure. ィ I'm free every Thursday.

Please come to my house and we can practice together.

女：That's nice! Can I visit you next ィ Thursday ?

男：Of course.

覚えたい表現
Memory work

★What's up?
「どうしたの？」

★for a long time
「長い間／ずっと」

★the same time
「同じ時間」
★invite 〜
「〜を招く／誘う」

★how to 〜
「〜する方法」

音声で流れない語句を答えなくてはならない場合もあるよ。そのようなときは，前後の内容から考えて語句を導き出そう。

日本語訳

No.1

男：もしもし，リサ。マイクだよ。元気？

女：元気よ。どうしたの？

男：兄(弟)が今度の金曜日に福岡に来て，3週間いるんだ。
一緒にラーメン屋に行かない？
兄(弟)がずっと福岡のラーメンを食べたいって言っててさ。

女：それなら家の近くにおいしいラーメン屋があるわよ。
そこに行こうよ。

男：やったあ。兄(弟)もそれを聞いたら喜ぶよ。
いつどこで待ち合わせをしようか？

女：今度の土曜日，ィ 午前11時 に私の家に来られる？
歩いて一緒にラーメン屋まで行けるわ。

男：ごめん，無理だ。その日は午後3時まで忙しいんだ。
今度の ァ 日曜日 の ィ 同じ時間 はどう？

女：いいわよ。友達のナンシーも誘っていい？

男：もちろんだよ。じゃあそのときね。バイバイ。

No.2

男：今日はコンサートに来てくれてありがとう，アヤ。どうだった？

女：素敵だったわ！みんな上手だった。特にあなたはバイオリンをとても上手に演奏していたね，ジェームス。
本当にいいコンサートだったわ。

男：それを聞いてうれしいよ。

女：私もバイオリンを弾いてみたいわ。ァ弾き方を教えてくれない？

男：ァいいよ。ィ毎週木曜日は時間があるよ。
僕の家においでよ，それなら一緒に練習できるよ。

女：ありがとう！次の ィ 木曜日 に行ってもいい？

男：もちろんだよ。

解説
Explanation

ラーメン屋に行く曜日と時間を答える問題だね。
リサ：土曜日午前11時を提案。
マイク：日曜日の同じ時間を提案。

ア
ジェームスはアヤにバイオリンを教える＝アヤはジェームスからバイオリンを学ぶ。learn「学ぶ」が適切だよ。音声で流れない単語を書く難問だね。practice を入れると後ろのfrom youと合わないから不適切だね。

イ
Thursday「木曜日」を聞き取ろう。

第5章　　対話と質問（複数）

基本問題

解答　No.1　イ　　No.2　ア　　No.3　イ　　No. 4　ア

 放送文　

男：Hello, Ms. Brown.

女：Hi, Kenji. You don't look well today. *What happened?

男：Last week we had a basketball game.

I was *so nervous that I couldn't play well.

No.1 イ Finally, our team lost the game.

女：Oh, I understand how you feel.

I played basketball for ten years in America.

I felt nervous during games, too.

男：Oh, did you? No.2 ア I always *feel sorry for my friends in my team when I make mistakes in the game.

女：Kenji, I had the same feeling. When I made a mistake in the game, I *told my friends that I was sorry.

But one of my friends said, "Don't feel sorry for us. We can *improve by making mistakes. You can try again!"

She told me with a big smile.

Her words and smile *encouraged me.

*Since then, I have *kept her words in mind.

男：Thank you, Ms. Brown. I learned a very important thing from you. No.4 ア Now I believe that I can improve my basketball skills by making mistakes.

女：Great, Kenji! I'm glad to hear that. No.3 イ When is your next game?

男：Oh, No.3 イ it's in November. Please come to watch our game!

女：Sure. I'm *looking forward to seeing it. Good luck.

男：Thank you, Ms. Brown. I'll *do my best.

覚えたい表現 Memory work

★What happened?
「何かあった？」

★so…that ～
「とても…なので～」

★feel sorry for ～
「～に申し訳なく思う」

★tell＋人＋that ～
「(人)に～と言う」

★improve
「上達する」

★encourage ～
「～を励ます」
★since then
「それ以来」
★keep ～ in mind
「～を心に留める」

★look forward to ～ ing
「～することを楽しみにする」
★do one's best
「ベストを尽くす」

音声を聞く前に問題文や選択肢を読んでおこう。対話が長いので，集中力を切らさず，答えに関する内容を正しく聞き取ってメモしよう。

日本語訳

男：こんにちは，ブラウン先生。

女：あら，ケンジ。今日は元気がないわね。何かあった？

男：先週，バスケットボールの試合がありました。

とても緊張してうまくプレーできなかったんです。

No.1 ィ結局，僕らのチームは試合に負けてしまいました。

女：まあ，私はあなたの気持ちがわかるわ。

私はアメリカで10年間バスケットボールをしていたの。

私もゲーム中に緊張していたわ。

男：先生もですか？ No.2 ァ僕は試合でミスをしたとき，いつもチームの友達に申し訳なく思います。

女：ケンジ，私も同じ気持ちだったわ。試合で自分がミスをしたとき，

友達に謝っていたの。

でも，友達の1人が，「申し訳なく思うことはないわ。

私たちはミスをすることで上達するの。

また挑戦すればいいのよ！」と満面の笑みで言ってくれたのよ。

彼女の言葉と笑顔に励まされたわ。

それ以来，彼女の言葉を心に留めているの。

男：ありがとうございます，ブラウン先生。僕は先生からとても大切なことを学びました。No.4 ァ今はミスをすることによってバスケットボールの技術を上達させられると信じています。

女：すごい，ケンジ！それを聞いてうれしいわ。No.3 ィ次の試合はいつ？

男：ああ，No.3 ィ11月にあります。僕たちの試合を見に来てください！

女：いいわ。試合を見るのを楽しみにしているわ。がんばってね。

男：ありがとうございます，ブラウン先生。ベストを尽くします。

 解説 Explanation

・先週の試合でケンジのチームは負けた。
・ブラウン先生はアメリカで10年間バスケットボールをしていた。
・ケンジはミスをすると友達に申し訳ないと思う。
・ブラウン先生はミスをすると友達に謝っていた。
・しかし，ブラウン先生の友達がまた挑戦すればいいと言った。その言葉と笑顔に励まされた。
・ケンジはブラウン先生からとても大切なことを学んだ。今ではミスをすることでバスケットボールの技術が上達すると信じている。
・ケンジの次の試合は11月にある。
・ブラウン先生は試合を楽しみにしている。
・ケンジはベストを尽くすつもりだ。

練習問題

解答　No.1　イ　　No.2　イ　　No.3　エ　　No.4　エ

 放送文　

（女）：Hi, Daiki. What will you do during the spring vacation?

（男）：My family will spend five days in Tokyo with my friend, Sam.

He is a high school student from Sydney. I met him there.

（女）：I see. No.1 イ Did you live in Sydney?

（男）：No.1 イ Yes. My father worked there when I was a child.

Sam's parents ★asked my father to take care of Sam in Japan.

No.2 イ He will come to my house in Osaka next week.

（女）：Has he ever visited Japan?

（男）：No, he hasn't. I haven't seen him for a long time, but we

often send e-mails to ★each other.

（女）：How long will he stay in Japan?

（男）：For ten days. No.3 エ Have you ever been to Tokyo, Cathy?

（女）：No.3 エ No, but I'll visit there this May with my friend, Kate.

She lives in America. Do you often go to Tokyo?

（男）：Yes. My grandmother lives there.

We will visit the zoo and the museum with her.

We will also go shopping together.

（女）：★That sounds good. Sam will be very glad.

（男）：I hope so. Well, I sent him a book about Tokyo which has

★a lot of beautiful pictures.

（女）：Cool. I also want to give a book like that to Kate because

No.4 エ she likes taking pictures of beautiful places.

★Actually, she has been to many foreign countries to take

pictures.

（男）：That's interesting. I like taking pictures, too.

So I want to see the pictures she took in other countries.

（女）：OK. I'll tell her about that.

（男）：Thank you.

Question No.1：Where did Daiki live when he was a child?

Question No.2：Who will come to Daiki's house next week?

Question No.3：Has Cathy visited Tokyo before?

Question No.4：What does Kate like to do?

覚えたい表現 Memory work

★ask＋人＋to ～
「（人）に～するよう
に頼む」

★each other
「お互いに」

★That sounds
good.
「それはいいね」
★a lot of ～
「たくさんの～」

★actually
「実際に／実は」

ダイキとキャシーの対話。ダイキの友達のサムと，キャシーの友達のケイトも出てくるよ。音声を聞きながら，誰が何をしたかをメモしよう。

日本語訳

解説
Explanation

(女)：こんにちは，ダイキ。春休みは何をするの？

(男)：家族で，友達のサムと一緒に東京に5日間滞在するよ。サムはシドニー出身の高校生だよ。僕はシドニーで彼と知り合ったんだ。

(女)：そうなんだ。　No.1ァあなたはシドニーに住んでいたの？

(男)：No.1ィそうだよ。僕が子どものころ，父がシドニーで働いていたんだ。サムの両親が，日本に行くサムの面倒を見てくれるよう父に頼んだんだよ。

　　　No.2ィサムは来週，大阪の我が家に来るよ。

(女)：彼は日本に来たことがあるの？

(男)：ないよ。僕も長いこと彼に会っていないんだ，でもお互いによくメールを送り合っているよ。

(女)：彼は日本にどのくらい滞在するの？

(男)：10日間だよ。No.3ェキャシーは東京に行ったことある？

(女)：No.3ェいいえ，でも友達のケイトと，今年の5月に行くつもりよ。彼女はアメリカに住んでいるわ。あなたはよく東京に行くの？

(男)：うん。祖母が住んでいるんだ。

　　　僕たちは，祖母と一緒に動物園と博物館に行く予定だよ。

　　　それから一緒に買い物にも行くつもりなんだ。

(女)：それはいいわね。サムはとても喜ぶと思うわ。

(男)：そうだといいな。そういえば，僕はサムに，素敵な写真がたくさん載っている東京に関する本を送ったんだよ。

(女)：いいわね。私もそういう本をケイトに送りたいわ，No.4ェ彼女は美しい場所の写真を撮るのが好きだから。

　　　実は，彼女は写真を撮るためにたくさん外国に行っているのよ。

(男)：それは興味深いな。僕も写真を撮るのが好きだよ。

　　　だから彼女が外国で撮った写真を見たいな。

(女)：わかった。彼女にそう伝えておくわ。

(男)：ありがとう。

Question No.1：ダイキは子どものころ，どこに住んでいましたか？

Question No.2：来週，誰がダイキの家に来ますか？

Question No.3：キャシーは以前，東京に行ったことがありますか？

Question No.4：ケイトは何をするのが好きですか？

No.1
ダイキについての質問だね。ダイキは幼少期にシドニーに住んでいたと言っているね。

No.2
ダイキの家に来るのは，ダイキの友達のサムだね。

No.3
キャシーは，東京に行く予定はあるけれど，まだ行ったことはないと言っているね。Has Cathy ～？と聞かれたから，No, she hasn't. と答えよう。

No.4
キャシーが友達のケイトの好きなことを紹介しているね。

← さらに詳しい解説

第6章　　　　英文と質問（複数）

基本問題

解答　No.1　ア　　No.2　エ　　No.3　ウ

 放送文　

Today is the last day before summer vacation.

From tomorrow, you'll have twenty-five days of vacation and I'll give you some homework to do.

For your homework, you must write a report about the problems in the ★environment and you must use ★more than one hundred English words.

We've ★finished reading the textbook about the problems in the environment.

So, No.1 ア in your report, you must write about ★one of the problems in the textbook that is interesting to you.

★The textbook says that there are many kinds of problems like water problems or fires in the mountains.

No.2 エ The textbook also says that everyone in the world must continue thinking about ★protecting the environment from these problems.

If you want to know more about it, use the Internet or books in the city library.

No.3 ウ Please give me your report at the next class.

I hope you enjoy this homework and have a good vacation.

> **覚えたい表現**
> **Memory work**

★environment
「環境」
★more than ～
「～以上」
★finish ～ ing
「～し終える」

★one of ～
「～の1つ」

★the textbook says
(that) ～「教科書に
は～と書いてある」

★protect A from B
「BからAを守る」

音声を聞く前に，問題文，質問，選択肢の内容から，聞き取るべきキーワードをイメージできたかな？それらのキーワードに関連する部分を中心にメモをとろう。

日本語訳

今日は夏休み前の最終日です。

明日からみなさんは25日間の休暇に入るので，宿題を出します。

みなさんは宿題として，環境問題についてのレポートを書いてください，なお，英単語を100語以上使わなければいけません。

私たちは環境問題についての教科書を読み終えました。

ですから No.1 ァレポートでは，教科書の中で自分の興味がある問題の1つについて書いてください。

教科書には，水問題や山火事のような，多くの種類の問題があると書いてあります。

No.2 ェまた，教科書には，世界中の誰もが，これらの問題から環境を守ることを考え続けなければいけない，とも書いてあります。

もっと詳しく知りたい人は，インターネットや市立図書館にある本を利用してください。

No.3 ゥレポートは，次の授業で私に提出してください。

みなさんがこの宿題を楽しみ，良い休暇を過ごすことを願っています。

解説
Explanation

・夏休み 前の 最終日。明日から 25 日間の休みに入る。

・環境 問題についてのレポートを書く。英単語を 100 語以上使う。

・環境問題 についての 教科書 を読み終えた。

・教科書 の中で 興味 がある問題を選ぶ。

・教科書 には 世界中 の誰もが環境を 守ること について考え続けなければならないと書いてある。

・詳しく知りたい人は インターネット や 市立図書館 の本を利用する。

・次の授業 でレポートを提出する。

練習問題

解答　No.1　イ　　No.2　エ　　No.3　ウ　　No.4　イ

 14

Today, I'll tell you about my grandmother's birthday party.

Before her birthday, I talked about a birthday present for her

with my father and mother.

My father said, "Let's go to a cake shop and buy a birthday cake."

No.1 イ My mother said, "That's a good idea. I know a good cake

shop." But when I saw my bag, I had another idea. I said,

"No.2 エ My grandmother made this bag *as my birthday present

last year, so I want to make a cake for her."

They agreed.

No.3 ウ On her birthday, I started making the cake at nine in the

morning. My father and mother helped me because that was

*my first time. I finished making it at one in the afternoon.

We visited my grandmother at six and started the party for her.

First, we enjoyed a special dinner with her.

After that, I showed her the cake.

When she saw it, she said, "Wow, did you make it? I'm so

happy. Thank you, Kyoko."

I *was happy to hear that.

No.4 イ Then we *sang a birthday song for her and ate the cake

with her. I'll never forget that wonderful day.

Question No.1： Who knew a good cake shop?

Question No.2： Why did Kyoko want to make a cake for her

grandmother?

Question No.3： *How many hours did Kyoko need to make the cake?

Question No.4： What did Kyoko do at her grandmother's birthday

party?

★as 〜 「〜として」

★my first time
「（私にとって）初め
てのこと」

★be happy to 〜
「〜してうれしい」
★sang
sing「歌う」の過去形

★How many
hours 〜?
「何時間〜?」

選択肢から，No.1は人物，No.2は理由，No.3は時間，No.4は行動についての質問だと推測できるね。関連部分の音声に注意しながら聞き取ってメモをし，質問にそなえよう。

日本語訳

今日は，私の祖母の誕生日パーティーについて話そうと思います。

誕生日の前に，私は，祖母にあげる誕生日プレゼントについて両親と話しました。

父は，「ケーキ屋に行って誕生日ケーキを買おう」と言いました。

No.1ィ母は，「いい考えね。私はおいしいケーキ屋を知っているわ」と言いました。しかし私は，自分のバッグを見て別の考えが浮かびました。

「No.2ェおばあちゃんは去年，私の誕生日プレゼントとしてこのバッグを作ってくれたの。だから私はケーキを作りたいわ」と私は言いました。両親も賛成してくれました。

No.3ゥ誕生日当日，私は午前9時からケーキを作り始めました。ケーキ作りは初めてのことだったので，両親が手伝ってくれました。私は午後1時にケーキを作り終えました。

私たちは6時に祖母の家に行き，パーティーを始めました。

まず，一緒にごちそうを楽しみました。

その後，私は祖母にケーキを見せました。

それを見ると，祖母は，「まあ，自分で作ったの？とってもうれしいわ。ありがとう，教子」と言いました。

私はそれを聞いてうれしくなりました。

No.4ィそれから私たちは，祖母のために誕生日の歌を歌って，一緒にケーキを食べました。私はあの素晴らしい日を決して忘れません。

Question No.1：おいしいケーキ屋を知っていたのは誰ですか？

Question No.2：教子はなぜ祖母にケーキを作ってあげたかったのですか？

Question No.3：教子はケーキを作るのに何時間かかりましたか？

Question No.4：教子は祖母の誕生日パーティーで何をしましたか？

解説 Explanation

No.1
おいしいケーキ屋を知っていた人は，ケーキを買おうと言ったお父さんではないよ。教子のお母さんだね。

No.2
おばあちゃんがバッグを作ってくれたから，自分も手作りのものをあげたいと思ったんだね。

No.3
午前9時から午後1時までだから，4時間だね。

No.4
教子が話したのは，イの「祖母のために両親と誕生日の歌を歌った」だね。

第７章　作　文

基本問題

解答　No.1　（例文）We can give her some flowers.

No.2　（例文）I can play soccer with him. It's bcause I can talk with him in Japanese while we are playing soccer.

 放送文 15

No.1　女：Hi, John. Do you know our classmate Eiko will leave Tokyo and live in Osaka from next month?

We have to ★say goodbye to her soon.

男：Really, Kyoko? I didn't know that. I'm very sad.

女：Me, too. Well, <u>let's do something for Eiko.</u>

<u>What can we do?</u>

男：(　　　　)

★say goodbye to 〜
「〜にさよならを言う」

No.2　Hello, everyone.

Next week a student from Australia will come to our class and study with us for a month.

His name is Bob.

He wants to enjoy his stay.

<u>He likes sports very much and wants to learn Japanese.</u>

<u>Please tell me what you can do for him and why.</u>

No.1では引っ越すクラスメートに，No.2ではオーストラリアからの留学生に対してできることを英文で書くよ。間違えずに書ける単語や表現を使って短くまとめよう。

日本語訳

No.1
女：こんにちは，ジョン。クラスメートのエイコが東京を去り，来月から大阪に住むことになったって知ってる？
もうすぐさよならを言わなければならないわ。

男：本当に，教子？それは知らなかったよ。とても悲しいね。

女：私もよ。エイコのために何かしましょう。
何ができるかしら？

男：（　　　　　）

No.2
みなさん，こんにちは。

来週，オーストラリアから１人の留学生がこのクラスに来て，一緒に１か月間勉強する予定です。

彼の名前はボブです。

彼はこの滞在を楽しみたいと思っています。

彼はスポーツが大好きで，日本語を学びたいと思っています。

あなたが彼のためにできることと，その理由を教えてください。

No.1
東京から大阪へ引っ越すクラスメートにしてあげられることを書こう。
（例文の訳）
「花束をあげることができるね」
「(人)に(もの)をあげる」＝give＋人＋もの

No.2
スポーツが大好きで日本語を学びたい留学生のためにできることと，その理由を書こう。
（例文の訳）
「僕は彼と一緒にサッカーをすることができます。サッカーをしながら，彼と日本語で話をすることができるからです」

練習問題

解答　No.1　ウ　　No.2　They should tell a teacher.
　　　No.3　（例文）I want to go to America because there are a lot of places
　　　　　　　　　　to visit.

 放送文　**16**

★Welcome to our school. I am Lucy, a second-year student of this school. We are going to show you around our school today. Our school was built in 2019, so it's still new.

Now we are in the gym.

We will start with the library, and I will ★show you how to use it. Then we will look at classrooms and the music room, and No.1 ウ we will finish at the lunch room. There, you will meet other students and teachers.

After that, we are going to have ★a welcome party.

There is something more I want to tell you.

We took a group picture ★in front of our school.

No.2 If you want one, you should tell a teacher tomorrow.

Do you have any questions?

Now let's start.

Please come with me.

Question No.1 : Where will the Japanese students meet other students and teachers?

Question No.2 : If the Japanese students want a picture, what should they do tomorrow?

Question No.3 : If you study abroad, what country do you want to go to and why?

覚えたい表現
Memory work

★Welcome to ～.
「～へようこそ」

★show＋人＋もの
「（人）に（もの）を見せる」

★a welcome party「歓迎会」

★in front of ～
「～の前で」

「…ので〜したい」＝I want to 〜 because …. は英作文でよく使う形なので覚えておこう。

日本語訳

私たちの学校へようこそ。私はルーシー，この学校の２年生です。

今日はみなさんに学校を案内します。

私たちの学校は2019年に建てられました，ですからまだ新しいですね。

私たちは今，体育館にいます。

まず図書館から始めましょう，その使い方を教えます。

それから，教室と音楽室を見て，No.1ゥ最後に食堂を見ます。そこで，

みなさんは他の生徒や先生と対面することになっています。

その後，歓迎会をする予定です。

みなさんにお伝えしたいことがもう少しあります。

校舎の前でグループ写真を撮りましたね。

No.2その写真が欲しい人は，明日先生に申し出てください。

何か質問はありますか？

では行きましょう。

私についてきてください。

Question No.1：日本の生徒はどこで他の生徒や先生と会いますか？

Question No.2：日本の生徒は写真が欲しい場合，明日何をすべきですか？

Question No.3：もしあなたが留学するなら，どの国に行きたいですか，

　　　　　　　　そしてそれはなぜですか？

解説 Explanation

No.1
他の生徒や先生と対面する場所は食堂＝the lunch roomだから，ウだね。

No.2
Ifで始まる文の後半の内容を答えればいいね。

No.3
したいこととその理由を答えるときは，I want to 〜 because …. の形を使おう。
（例文の訳）
「訪れるたくさんの場所があるので，私はアメリカに行きたいです」

覚えたい表現
Memory work

まとめ

← グループ分け

P3	What do you want to do in the future?	あなたは将来何をしたいですか？
	by bike	自転車で
	Can you ～?	～してくれませんか？
	Can I ～?	～してもいいですか？
	look at ～	～を見る
	have to ～	～しなければならない
P5	What's the matter?	どうしたの？
	last night	昨夜
	go to bed	寝る
	get up	起きる
	for ～（期間を表す言葉）	～の間
	stop ～ing	～することをやめる
	How about ～?	～はどうですか？
	Thank you for ～ing.	～してくれてありがとう
	for ～（対象を表す言葉）	～のために
P7	What time shall we meet?	何時に待ち合わせる？
	the ＋最上級＋ in ＋○○	○○の中で最も…
	no ＋人	（人）が1人も～ない
	I've never ～.	私は一度も～したことがない
	keep ＋人／もの＋状態	（人／もの）を（状態）に保つ
P9	school festival	学園祭
	look ～	～のように見える
	next to ～	～のとなりに
	I hear（that）～.	～だそうだ
	be good at ～ing	～することが得意だ
	be glad to ～	～してうれしい
	over ～	～以上
	make a speech	スピーチをする
	the number of ～	～の数
	keep ～ing	～し続ける
	go up	増加する
	go down	減少する
P11	Have you ever been to ～?	～に行ったことがありますか？
	May I help you?	お手伝いしましょうか？／いらっしゃいませ
	look for ～	～を探す
	What are you going to do?	何をするつもりですか？
	go fishing	釣りに行く
	May I speak to ～?	（電話で）～さんをお願いてきますか？
P13	You have the wrong number.	番号が違っています
	I've just ＋過去分詞.	ちょうど～したところだ
	be famous for ～	～て有名てある
	How long does it take to ～?	～するのにどれくらい時間がかかりますか？
	There is no ～.	～がない
P15	be ready	準備がてきている
	tell ＋人＋ to ～	（人）に～するように言う
	Would you like some more?	もう少しいかが？
	How much ～?	～はいくらですか？

P17	Are you free?	(時間)が空いている？
	be out	外出している
	want＋人＋to ～	(人)に～してほしい
	Can I leave a message?	伝言をお願いできますか？
	Could you ～?	～していただけませんか？
P19	What kind of ～?	どんな種類の～？
	be surprised to ～	～して驚く
	decide to ～	～することに決める／決心する
	from A to B	AからBまで
	international	国際的な
P21	be held	開催される
	on the second day	2日目に
	a long time ago	昔
	Shall we ～?	(一緒に)～しましょうか？
P23	What's up?	どうしたの？
	for a long time	長い間／ずっと
	the same time	同じ時間
	invite ～	～を招く／誘う
	how to ～	～する方法
P25	What happened?	何かあった？
	so…that ～	とても…なので～
	feel sorry for ～	～に申し訳なく思う
	tell＋人＋that ～	(人)に～と言う
	improve	上達する
	encourage ～	～を励ます
	since then	それ以来
	keep ～ in mind	～を心に留める
	look forward to ～ing	～することを楽しみにする
	do one's best	ベストを尽くす
P27	ask＋人＋to ～	(人)に～するように頼む
	each other	お互いに
	That sounds good.	それはいいね
	a lot of ～	たくさんの～
	actually	実際に／実は
P29	environment	環境
	more than ～	～以上
	finish ～ing	～し終える
	one of ～	～の1つ
	the textbook says (that) ～	教科書には～と書いてある
	protect A from B	BからAを守る
P31	as ～	～として
	my first time	(私にとって)初めてのこと
	be happy to ～	～してうれしい
	sang	sing「歌う」の過去形
	How many hours ～?	何時間～？
P33	say goodbye to ～	～にさよならを言う
P35	Welcome to ～.	～へようこそ
	show＋人＋もの	(人)に(もの)を見せる
	a welcome party	歓迎会
	in front of ～	～の前で

聞き違いをしやすい表現
Easy to mistake

17

1 聞き違いをしやすい数

サーティーン　　　　　サーティ
thirteen 「13」と thirty 「30」

 アクセントの位置に着目

後　　　　　　前
thirteen 「13」と thirty 「30」

フォーティーン　　　フォーティ
fourteen 「14」と forty 「40」
シックステイーン　　シックスティ
sixteen 「16」と sixty 「60」
エイティーン　　　　エイティ
eighteen 「18」と eighty 「80」

フィフテイーン　　　フィフティ
fifteen 「15」と fifty 「50」
セブンティーン　　　　セブンティ
seventeen 「17」と seventy 「70」
ナインティーン　　　ナインティ
nineteen 「19」と ninety 「90」

2 聞き違いをしやすい英語

キャン　　　　　キャン（ト）
can 「できる」と can't 「できない」

 次の単語との間に着目

can 〜　　　can't 〜

ウォント　　　　　　　　　ワントゥ
won't 「しないつもり」と want to 「したい」

フェアー　　　　　　フェン
where 「どこ？」と when 「いつ？」

3 同じ発音で違う意味の英語

ワン　　　　　　　ワン
won 「勝った」と one 「1」

レッド　　　　　レッド
red 「赤」と read 「読んだ」

 単語の位置や文の意味で判断

「アイ ワン ザ プライズ」だったら
→ I won the prize.
私は賞を勝ち取りました
「アイ チョゥズ ワン」だったら
→ I chose one.
私は1つを選びました

4 セットで読まれる英語

ゼァリズ
There is

 連語表現の発音に慣れよう

「ゼアー」と「イズ」を続けて読むと「ゼァリズ」
There　　　is

ゲラップ　　　　ピカップ　　　　オプニット　　　シェイキット　　トーカバウト　　　ハフトゥ
get up　　　　pick up　　　　open it　　　　shake it　　　　talk about　　　have to
ワノブ　　　　　ウォンチュー　　ミーチュー　　　ディジュー　　　ミシュー
one of　　　　want you　　　　meet you　　　Did you　　　　miss you

高校入試対策

英語リスニング練習問題

基本問題集

contents

※解答集は別冊です

はじめに

　グローバル化が急速に進展する中で，外国語によるコミュニケーション能力は，一部の業種や職種だけでなく，今後の生活の様々な場面で必要になってきます。

　学習指導要領では，小・中・高等学校での一貫した外国語教育を通して，外国語による「聞くこと」，「読むこと」，「話すこと」，「書くこと」の４つの技能を習得し，簡単な情報や考えなどを理解したり伝えあったりするコミュニケーション能力を身につけることを目標としています。

　これを受けて，高校入試の英語リスニング問題は，公立高校をはじめ私立高校においても，問題数の増加や配点の上昇が顕著になってきています。

　本書は，全国の高校入試の英語リスニングでよく出題されるパターンを，７つの章に分類し，徹底的に練習できるようになっています。リスニングの出題形式に慣れるとともに，解き方，答え合わせや復習のしかたがよく分かるようになるので，限られた時間の中で効率よく学習ができます。

　高校入試の英語リスニング問題は，基礎的な単語や文法が中心で，長文読解問題に比べればそれほど複雑な内容ではありません。聴き取れれば解ける問題ばかりです。

　本書で，やさしい問題から入試レベルの問題までを繰り返し練習し，入試本番の得点力を身につけてください。

この問題集の特長と使い方

１．準備をする！

　高校入試では一斉リスニングの場合がほとんどです。できればイヤホン（ヘッドホン）を使わずに，CD プレイヤーやスピーカーを準備しよう。

　問題は，章ごとに「基本問題」と「練習問題」があります。「基本問題」に取りかかる前に，「👆 ポイント」を読んでおこう。😊ヒント や 📝メモ ，⚠ミスに注意 にも，あらかじめ目を通しておこう。

２．問題に取り組む！

　準備ができたら，集中して音声を聴こう。間違えてもいいので必ず答えを書くことを心がけよう。

３．解答だけを確認する！

　ひとつの問題を解き終えたら，解答集ですぐに答え合わせをしよう。このとき，まだ放送文や日本語訳は見ないでおこう。解答だけを確認したら，もう一度音声を聴こう。正解した問題は聴き取れたところを，間違えてしまった問題は聴き取れなかったところを，意識しながら聴いてみよう。

４．放送文を確認する！

　今度は，解答集の放送文（英文）を目で追いながら音声を聴いてみよう。このとき，キーワードやキーセンテンス（カギとなる重要な文）を確実に聴き取れるまで何度も繰り返し聴いてみよう。途中で分からなくなったら最初から聴き直そう。

5．覚えたい表現やアドバイスを確認する！

　　解答集では，英語リスニング問題でよく出る「覚えたい表現」や，同じパターンの問題を解くときのコツなどをアドバイスしています。よく読んでおこう。

6．日本語訳を確認する！

　　解答集は，放送文と日本語訳が見開きのページに載っているので，照らし合わせながら確認しよう。内容を正しく理解できているか，会話表現の独特な言い回しをきちんと把握できているかを確認しよう。知らなかった単語や表現はここでしっかりと覚えておこう。

この章の問題を解くときの**ポイント**です。**基本問題**に取りかかる前に，読んでおこう。

各章に**基本問題**と**練習問題**があります。
基本問題でコツをつかんでから**練習問題**にチャレンジしよう。

正答数を書きます。2回目に解くときに1回目を上まわれるようがんばろう。

問題の難易度です。★の数が多いほど難易度が高くなります。

CDのトラックナンバーです。

解答 ➡ P11
解答集（別冊）のページです。

基本問題の，
- ヒント　問題を解くときのヒントをくれる
- メモ　音声を聴きながらメモをとるための空欄がある
- ミスに注意　間違えやすい所を教えてくれる

に目を通してから音声を聴こう。

音声の聴き方

　　CDで音声を聴くことができます。CD以外でも，教英出版ウェブサイトでID番号を入力して音声を聴くことができます。ID番号を入力して音声を聴く方法は，都道府県版（別冊）の1ページをご覧ください。

第1章　　　　絵・グラフ

- 音声を聞く前に選択肢の絵やグラフを見比べておこう。
- 絵やグラフを見比べたら，どんな英文が流れるか予想してみよう。
- 音声を聞きながら，答えに関係しそうな内容をメモしよう。

基本問題Ⓐ　難易度 ★☆☆☆☆　　正答数 | 1回目 | 2回目 | ／3　解答 ➡ P 3

次の対話を聞いて，そのあとの質問に対する答えとして最もふさわしい絵を，**ア，イ，ウ，エ**から1つ選び，記号を書きなさい。

No.1

ア　　　　　イ　　　　　ウ　　　　　エ

💡**ヒント**

職業を選ぶ問題かな？

No.2

ア　　　　　イ　　　　　ウ　　　　　エ

💡**ヒント**

「ヘルメットをかぶって自転車で公園に行き，野球をする」といった話かな？

No.3

ア　　　　　イ　　　　　ウ　　　　　エ

📝**メモ**

卵

みかん ☐ 個

りんご ☐ 個

ジュース

No.1		No.2		No.3	

次の英文や対話を聞いて，そのあとの質問に対する答えとして最もふさわしい絵を，ア，イ，ウ，エから1つ選び，記号を書きなさい。

No.1

ア　　　　　イ　　　　　ウ　　　　　エ

腕時計＝watch
掛け時計／置き時計
＝clock

No.2

ア　　　　　イ　　　　　ウ　　　　　エ

天気：雨／雪
移動手段：
徒歩／自転車
どっちかな？

No.3

ア　　　　　イ　　　　　ウ　　　　　エ

昨夜 [　　　]。
今朝 [　　　]。

No.4

ア　　　　　イ　　　　　ウ　　　　　エ

6:00 AM　　7:00 AM　　8:00 PM　　11:00 PM

AMは午前，PMは午後だね。寝た時刻？起きた時刻？

| No.1 | | No.2 | | No.3 | | No.4 | |

次の対話を聞いて，そのあとの質問に対する答えとして最もふさわしい絵やグラフを，
ア，イ，ウ，エから1つ選び，記号を書きなさい。

No.1

No.2

No.3

No.4　「球技大会で何をやりたいか？」～クラス別　アンケート結果～

No.1		No.2		No.3		No.4	

次の対話や英文を聞いて，そのあとの質問に対する答えとして最もふさわしい絵やグラフを，ア，イ，ウ，エから1つ選び，記号を書きなさい。

No.1

No.2

No.3

No.4

| No.1 | | No.2 | | No.3 | | No.4 | |

第2章　　次の一言

- 音声を聞く前に，選択肢の内容を読み比べておこう。
- 対話を聞いて，最後の英文をメモしよう。
- 最後の英文が質問→質問の答えを選ぶ。質問ではない→話の流れに合うものを選ぶ。

基本問題　難易度 ★★☆☆☆　　正答数 1回目□ 2回目□ ／4　解答 ➡ P11

　次の対話を聞いて，最後の英文に対する受け答えとして最もふさわしいものを，**ア**，**イ**，**ウ**から1つ選び，記号を書きなさい。

No.1
　ア　By plane.
　イ　For six days.
　ウ　With my family.

ヒント

最後の英文
How long did you stay there? が聞き取れるかな？

No.2
　ア　Here you are.
　イ　I'm just looking.
　ウ　It's too expensive for me.

メモ

最後の英文

[　　　　　]

this one?

No.3
　ア　Sorry, I'm busy.
　イ　I hope the weather will be nice.
　ウ　Nice to meet you.

ミスに注意

最後の英文が質問ではない→話の流れに合うものを選ぼう。

No.4
　ア　OK. I'll call again later.
　イ　Shall I take a message?
　ウ　Hello, Yoko. How are you?

ヒント

相手が不在だった時，電話をかけた側がよく使う表現を選ぶよ。

No.1		No.2		No.3		No.4	

次の対話を聞いて，最後の英文に対する受け答えとして最もふさわしいものを，ア，イ，ウ，エから１つ選び，記号を書きなさい。

No.1

ア　I don't know your phone number.

イ　I see. Do you want to leave a message?

ウ　Can you ask him to call me?

エ　I'm so sorry.

No.2

ア　Sorry. I haven't washed the tomatoes yet.

イ　I don't think so. Please help me.

ウ　Thanks. Please cut these carrots.

エ　All right. I can't help you.

No.3

ア　Ten o'clock in the morning.

イ　Only a few minutes.

ウ　Four days a week.

エ　Every Saturday.

No.4

ア　Sure. I'll do it now.

イ　No. I've never sent him a letter.

ウ　Yes. You found my name on it.

エ　Of course. I finished my homework.

No.1		No.2		No.3		No.4	

- 音声を聞く前に，選択肢の内容を読み比べておこう。
- 対話を聞いて，人物の名前や行動などをメモしよう。
- 質問を聞いて，誰の何についての質問かメモしよう。

基本問題　難易度 ★★★★★　　正答数 `1回目` `2回目` ／3　解答 ➡ P15

　次の対話や英文を聞いて，そのあとの質問に対する答えとして最もふさわしいものを，**ア，イ，ウ，エ**から１つ選び，記号を書きなさい。

No.1
　ア　She is going to do Mike's homework with her husband.
　イ　She is going to cook dinner in the dining room.
　ウ　She is going to go to the dining room with Mike.
　エ　She is going to eat dinner with her husband and Mike.

マイク：□□が終わった。おなかが□□。□□を呼びに行く。
母親：□□の準備ができた。

No.2
　ア　Yes, please. I want more.
　イ　Help yourself, Lisa.
　ウ　I'm sorry. I can't cook well.
　エ　Of course. You can take it.

対話の最後のリサの勧めに対する答えを選ぶよ。

No.3
　ア　They are in the nurse's office.
　イ　They are in the library.
　ウ　They are at a stationery shop.
　エ　They are at a birthday party.

選択肢のThey areは共通だね。場所を選ぶ問題だよ。

No.1		No.2		No.3	

次の対話を聞いて，そのあとの質問に対する答えとして最もふさわしいものを，ア，イ，ウ，エから1つ選び，記号を書きなさい。

No.1
ア　This Saturday.
イ　This Sunday.
ウ　Tomorrow.
エ　Next Monday.

No.2
ア　To do Tom's homework.
イ　To bring Eita's math notebook.
ウ　To call Tom later.
エ　To leave a message.

No.3
ア　Because Mike said some museums in his country had *ukiyoe*.
イ　Because Mike learned about *ukiyoe* last weekend.
ウ　Because Mike went to the city art museum in Japan last weekend.
エ　Because Mike didn't see *ukiyoe* in his country.

No.4
ア　It took about 25 minutes from Toyama to Kanazawa.
イ　Hiroshi walked from Kanazawa Station to Kenroku-en.
ウ　Hiroshi went to many countries during his holiday.
エ　Hiroshi took a bus in Kanazawa.

No.1		No.2		No.3		No.4	

第4章　　語句を入れる

- 音声を聞く前に空欄を見て，聞き取る内容をしぼろう。
- fifteen「15」とfifty「50」などを聞き分けるために，数はアクセントに注意しよう。
- Tuesday「火曜日」とThursday「木曜日」の違いなど，曜日を正しく聞き取ろう。

基本問題　難易度 ★★☆☆☆　◎**9**　　正答数 [1回目]□ [2回目]□ ／6　解答 ➡ P21

No.1　デイビッドと教子の対話を聞いて，【教子のメモ】のア，イ，ウにあてはまる言葉を日本語または数字で書きなさい。

📝メモ

【教子のメモ】

お祭りのダンスイベント
・（　　ア　　）曜日に行われる。
・集合時刻は午後（　　イ　　）。
・集合場所は音楽ホール。
・Ｔシャツの色は（　　ウ　　）色。

お祭り:
□曜日〜□曜日
ダンスイベント:
□日目
開始時刻: 午後□時
集合時刻: □分前
Ｔシャツの色: □色

No.2　ケイトと英太の対話を聞いて，【英太のメモ】のア，イ，ウにあてはまる言葉を日本語または数字で書きなさい。

⚠️ミスに注意

【英太のメモ】

- ・古い建物は（　　ア　　）である。
- ・約（　　イ　　）年前に建てられ，学校として使われていた。
- ・昔の人々がどのように（　　ウ　　）していたかを見ることができる。

アクセントに注意して数を聞き取ろう。

				イ		ウ	
No.1	ア			イ		ウ	
No.2	ア			イ		ウ	

No.1　マイクとリサの対話を聞いて，対話のあとに【リサがナンシーの留守番電話に残したメッセージ】のア，イにあてはまる言葉を英語または数字で書きなさい。

【リサがナンシーの留守番電話に残したメッセージ】

> Hi, Nancy.　This is Lisa.
> Mike's brother is going to stay in Fukuoka for three weeks.
> So Mike and I have decided to take him to a ramen shop next（　ア　）.
> They will come to my house at（　イ　）, and we will walk to the shop.
> If you want to join us, please tell me.

No.2　ジェームスとアヤの対話を聞いて，対話のあとに【アヤがジェームスに送ったメール】のア，イにあてはまる言葉を英語で書きなさい。

【アヤがジェームスに送ったメール】

> Hi, James.
> I enjoyed the concert today.
> I am happy because I can（　ア　）how to play the violin from you.
> I will see you at your house on（　イ　）.

No.1	ア		イ	
No.2	ア		イ	

- 音声を聞く前に，問題文をよく読み，登場人物の名前や立場を把握しよう。
- 音声を聞く前に，選択肢（と質問）から聞き取る内容をしぼろう。
- 音声を聞きながら，「誰が何をした」に関する内容をメモしよう。

基本問題　難易度 ★★★☆☆　◎11　正答数 [1回目][2回目] ／4　解答 ➡ P25

　ALTのブラウン先生とケンジの対話を聞いて，次の質問に対する答えとして最もふさわしいものを，**ア**，**イ**，**ウ**から1つ選び，記号を書きなさい。

No.1　What happened to Kenji's basketball team last week?
ア　His team won the game.
イ　His team lost the game.
ウ　His team became stronger by practicing hard.

No.2　How does Kenji feel when he makes mistakes in the basketball game?
ア　He always feels sorry for his friends in his team.
イ　He doesn't understand how he feels.
ウ　He is encouraged by making mistakes.

No.3　When will Kenji have his next game?
ア　He will have it in December.
イ　He will have it in November.
ウ　He will have it in October.

No.4　Which is true?
ア　Kenji learned that he could improve his basketball skills by making mistakes.
イ　Kenji was encouraged by his friend's words and smile.
ウ　Kenji has played basketball for ten years in America.

📝メモ

- 先週の試合でケンジのチームは[　]た。
- ブラウン先生は[　]で[　]年間バスケットボールをしていた。
- ケンジはミスをすると[　]に[　]と思う。
- ブラウン先生はミスをすると[　]に[　]いた。
- しかし，ブラウン先生の友達がまた[　]すればいいと言った。その[　]と[　]に励まされた。
- ケンジはブラウン先生からとても[　]なことを学んだ。今ではミスをすることで[　]の技術が[　]すると信じている。
- ケンジの次の[　]は[　]月にある。
- ブラウン先生は[　]を楽しみにしている。
- ケンジは[　]つもりだ。

No.1		No.2		No.3		No.4	

- 13 -

ダイキとキャシーの春休みの予定についての対話を聞いて、そのあとの質問に対する答えとして最もふさわしいものを、ア、イ、ウ、エから1つ選び、記号を書きなさい。

No.1
ア　He lived in Tokyo.
イ　He lived in Sydney.
ウ　He lived in Osaka.
エ　He lived in America.

No.2
ア　Cathy will.
イ　Sam will.
ウ　Sam's parents will.
エ　Kate will.

No.3
ア　Yes, she does.
イ　No, she doesn't.
ウ　Yes, she has.
エ　No, she hasn't.

No.4
ア　She likes to send e-mails.
イ　She likes to go shopping.
ウ　She likes to go to the zoo.
エ　She likes to take pictures.

No.1		No.2		No.3		No.4	

第6章　　　　英文と質問（複数）

- 音声を聞く前に，問題文をよく読み，話をする人の名前や立場を把握しよう。
- 音声を聞く前に，選択肢（と質問）から聞き取る内容をしぼろう。
- 音声を聞きながら，キーワードをメモしよう。

基本問題　　難易度 ★★★☆☆　　◎13　　正答数 □□ ／3　解答 ➡ P29

ALTのグリーン先生が夏休みの宿題について話をします。それを聞いて，次の質問に対する答えとして最もふさわしいものを，ア，イ，ウ，エから1つ選び，記号を書きなさい。

No.1 生徒たちには，どのような宿題が出されましたか。
ア　A report about one of the problems written in the textbook.
イ　A report about what the students did during summer vacation.
ウ　A report about how to use the city library.
エ　A report about people around the world.

No.2 教科書には，何をしなければならないと書いてありましたか。
ア　To read books in the city library for the report.
イ　To finish writing a report about the problems in our environment.
ウ　To learn about how the Internet can help the students.
エ　To keep thinking about protecting our environment.

No.3 生徒たちは，いつ先生に宿題を提出しなければなりませんか。
ア　After the next class.
イ　At the end of summer vacation.
ウ　At the first class after summer vacation.
エ　At the last class of this year.

📝メモ

- ☐☐前の☐☐。明日から☐日間の休みに入る。
- ☐☐問題についてのレポートを書く。英単語を☐語以上使う。
- ☐☐☐についての☐☐を読み終えた。
- ☐☐の中で☐☐がある問題を選ぶ。
- ☐☐には☐☐の誰もが環境を☐☐について考え続けなければならないと書いてある。
- 詳しく知りたい人は☐☐や☐☐の本を利用する。
- ☐☐でレポートを提出する。

No.1		No.2		No.3	

教子が祖母の誕生日パーティーについて話をします。それを聞いて，そのあとの質問に対する答えとして最もふさわしいものを，ア，イ，ウ，エから1つ選び，記号を書きなさい。

No.1

ア　Kyoko's grandmother did.

イ　Kyoko's mother did.

ウ　Kyoko's father did.

エ　Kyoko did.

No.2

ア　Because Kyoko makes a birthday cake every year.

イ　Because Kyoko couldn't buy a cake at the cake shop.

ウ　Because Kyoko's grandmother asked her to make a cake.

エ　Because Kyoko's grandmother made a bag for her.

No.3

ア　Nine hours.

イ　Six hours.

ウ　Four hours.

エ　One hour.

No.4

ア　She enjoyed a special lunch with her grandmother.

イ　She sang a birthday song for her grandmother with her parents.

ウ　She said to her grandmother, "Thank you."

エ　She showed the bag to her grandmother.

No.1		No.2		No.3		No.4	

- 音声を聞く前に，登場人物と作文の条件を確認しよう。
- 本文→質問の順で放送されることが多い。質問は確実に聞き取ろう。
- 自信のない表現は避け，自分が正しく書ける表現を使って英文を作ろう。

基本問題　難易度 ★★★★★　●15　正答数 [1回目][2回目] ／2　解答 ➡ P33

No.1　ジョンと教子の対話を聞いて，教子の最後の問いかけに対する答えを，ジョンに代わって英文で書きなさい。

ヒント

転校していくクラスメートにしてあげられることを書こう。
We can ～「（僕らは）～できる」の書き出しではじめよう。

No.2　ALTのデイビッド先生の話を聞いて，先生の指示に対するあなたの答えを2文以上の英文で書きなさい。

ヒント

2文以上で書くよ。
質問で2つのことを聞かれるから，それぞれ1文ずつ書こう。
1文目は主語+can ～「～できる」の形で書くといいね。
2文目の理由は
It's because ～ .
「それは～だからだ」を使おう。

No.1	
No.2	

カナダの高校に留学にきた日本の生徒たちに向けてルーシーが学校の案内をします。その説明を聞いて，次の各問いに答えなさい。

　No.1では，そのあとの質問に対する答えとして最もふさわしいものを，**ア，イ，ウ，エ**から1つ選び，記号を書きなさい。

　No.2では，質問に対する答えをルーシーが説明した内容に合うように英文で書きなさい。

　No.3では，質問に対するあなたの答えを英文で書きなさい。

No.1

ア　In the gym.

イ　In the library.

ウ　In the lunch room.

エ　In front of their school.

No.2　（質問に対する答えを英文で書く）

No.3　（質問に対するあなたの答えを英文で書く）

No.1	
No.2	
No.3	

CDトラックナンバー 一覧

音声の聴き方

　ＣＤで音声を聴くことができます。ＣＤ以外でも，教英出版ウェブサイトでＩＤ番号を入力して音声を聴くことができます。ＩＤ番号を入力して音声を聴く方法は，都道府県版（別冊）の1ページをご覧ください。